西班牙语DELE
口语考试高分指南
(B2)

DIPLOMAS DE ESPAÑOL COMO LENGUA EXTRANJERA (B2)

马功勋

编著

東華大學出版社·上海

图书在版编目 (CIP) 数据

西班牙语 dele 口语考试高分指南 . B2 / 马功勋编著 . —上海：东华大学出版社，2024.1
ISBN 978-7-5669-2264-9
I. ①西… II. ①马… III. ①西班牙语—词汇—水平考试—自学参考资料 IV. ① H343
中国国家版本馆 CIP 数据核字 (2023) 第 182846 号

西班牙语 dele 口语考试高分指南 (B2)
Diplomas de Español Como Lengua Extranjera (B2)

马功勋 编著

策　　划：东华晓语
责任编辑：沈　衡
版式设计：莉莉安
封面设计：903design

出版发行：东华大学出版社
社　　址：上海市延安西路 1882 号，200051
出版社官网：http://dhupress.dhu.edu.cn/
天猫旗舰店：http://dhdx.tmall.com
发行电话：021-62373056
营销中心：021-62193056　62373056　62379558
投稿及勘误信箱：83808989@qq.com

印　　刷：常熟大宏印刷有限公司
开　　本：787 mm×1092 mm　1/16
印　　张：16.25
字　　数：810 千字
印　　数：0001-3000 册
版　　次：2024 年 1 月第 1 版　2024 年 1 月第 1 次印刷

ISBN 978-7-5669-2264-9
定价：78.00 元

听力音频获取方式

第一步 扫描本书听力音频二维码

第二步 输入听力音频唯一兑换码 (区分大小写)

第三步 兑换成功，扫描听力练习相应版块，免费
　　　　　 获取听力音频

扫二维码听本书音频

YMH01032575

刮开涂层，微信扫码后
按提示操作

前 言

PREFACIO

对外西班牙语水平证书（西班牙语：Diplomas de Español Como Lengua Extranjera，简称：DELE）是西班牙塞万提斯学院以西班牙教育部的名义颁发的官方证书，能够有效证明证书拥有者的西班牙语水平和西班牙语运用能力。水平考试设为六个级别（分别为 A1, A2, B1, B2, C1, C2），考试通过后可以获得证书，证书终生有效。

实际上，作为一门外语考试，最令考生们头疼的莫过于口语部分。近几年，虽然诸多国外教材不断涌入中国市场，但是其中的大多数缺乏详细的解析和应试技巧，尤其是口语部分。对于许多中国考生来说，一边是没有解析的试题，一边是没有合适的语言环境，备考过程举步维艰。出于这个原因，作者决定结合多年来的教学经验和学生的反馈意见，编写一本属于中国学生的 DELE B2 口语辅导用书。此外，为了让这本书更加实用、易于理解以及尽可能还原真实的口语考试，作者不仅针对不同需求的学生做了详细的问卷调查，还亲自作为 DELE 考官去监考每年在北京塞万提斯学院举行的近 30 场考试。在监考的过程中，作者与不同的外籍考官就口语问答方向进行了深度交流，最终总结出了一套适合中国考生的应试技巧。作者相信，通过努力，这本书将会成为学生们准备 DELE B2 口语考试的有力工具。

《西班牙语 DELE 口语考试高分指南（B2）》分成两册。在第一册书中，读者可以看到详细的口语评分标准、单词表、模拟真题等；在第二册书中，作者根据考生需要，编写了所有考官模拟问题的应答范文。为了方便理解，作者还在范文中详细标注了关键词并附上了中文注解。作者认为，如果学生们能够自己创建语言环境，分小组使用本书进行练习，那么学习语言的效果会更好。因此，我鼓励学生们在学习本书的同时，积极参与各种与西班牙语相关的交流活动，从而提高自己的语言水平。需要注意的是，无论解析中的范文还是例句，都是为了配合考试所编，并非代表作者的真实想法。

最后，本人要特别感谢东华大学出版社的编辑沈衡先生。沈先生不仅为这本书的诞生出谋划策，还在百忙之中不辞辛苦地协助排版、分册，并给每张图片着色，可说是功不可没。此外，作者在 2022 年时突发腰部疾病，需要卧床治疗。沈老师不仅经常询问作者的病情，还一直宽慰作者急切出书的心情，感激之情，无以言表。总之，由于各方面原因，作者耽误了交稿日期，以至于这本本该半年前就发行的图书，到现在才与大家见面，对此，作者深表歉意。

除此之外，本人还要感谢家人在编写过程中给予的理解与支持，特别是我的爱人和父母。同时，我还要感谢国内外同学的意见反馈，感谢北京塞万提斯学院部分考官的宝贵意见和支持，感谢马德里和巴塞罗那几位语言学专业教授和对外西语专业教授的宝贵意见。最后，由于作者水平有限，本书错漏缺点在所难免，希望读者批评指正。

编者
2023 年 5 月 12 日星期五
于青岛

目 录

CATÁLOGO

DELE 考试简介以及欧洲共同语言参考标准

对外西班牙语水平证书（西班牙语：Diplomas de Español como Lengua Extranjera，简称 DELE）是西班牙塞万提斯学院以西班牙教育部的名义颁发的官方证书，能够有效证明证书拥有者的西班牙语水平和西班牙语运用能力。水平考试设为六个级别，考试通过后可以获得证书，证书终生有效。

欧洲语言共同参考架构学习、教学、评量（西班牙语：Marco Común Europeo de Referencia para las lenguas: aprendizaje, enseñanza, evaluación，常简称 MCER）是欧洲委员会在 2001 年 11 月通过的一套建议标准，为欧洲语言在评量架构和教学指引、考试、教材所提供的基准。其政治与教育上意义在于可用来评估语言学习者所学语言的成就，同时也给予教育评估方针，并将语言程度所应具备的能力分成 A1 到 C2 六个等级，含听、说、读、写、连续的口头表达和参与对话五项技能分级界定。MCER 受到多国政府、企业与学术机构认可。许多国际性英检，如雅思和托福皆已采用。

等级		具体描述
初学阶段 A 级	入门级 A1 级	达到 A1 等级的学生能理解并使用日常用语和非常基本的句子来表达具体的需要。可以介绍自己及他人，也可以提出并回答有关个人或与他人有关的详细情况，比如居住地、人际关系及所有物等方面的问题。在他人缓慢且清楚地与自己谈话、或随时为自己准备提供帮助时，自己与别人之间可以用简单的方式进行交流。
	初级 A2 级	达到 A2 等级的学生能理解日常生活中常用的表达方式和语句，如有关家庭、朋友、工作、购物和周围事物等。在简单而常见的情景中，通过直接交流表达来自己对熟悉事物的意见。此外，还能根据需要，用简单的词语描述背景、教育情况、周围环境以及其他话题。
独立阶段 B 级	中级 B1 级	达到 B1 等级的学生能用清楚并标准的语言阐述有关工作、学校、休闲娱乐或爱好等熟悉话题的基本要点。在国外旅行时能自如地应对可能发生的情况。在谈到感兴趣和熟悉的话题时，能简明、连贯地表达自己的意思。当讲述经历的事件，描述梦想、希望和目标时，可以简要地阐述意见和论证计划。
	中高级 B2 级	达到 B2 等级的学生能理解比较复杂的书面语言中实际和抽象题材的主旨，并且能够在自己的专业范围内，积极参加技术性讨论，可以在对话中毫不费力地与西班牙语为母语的对话者交流，在交谈中，能够自然、流利地表达自己的意见。对广泛的主题能做出清楚、详尽的书面表达。有能力讨论时事新闻并分析出特定情况的利弊。
精通阶段 C 级	高级 C1 级	达到 C1 等级的学生能理解更大篇幅、语言难度更高的文章并抓住文章的引申含义。能自然地表达自己的意思且不需要搜索词汇。在社会、学术和专业环境中自如、有效地运用语言资源。能针对比较复杂的题目进行清楚、有条理、细致的书面表达，并且能够有效地使用语言组织工具、衔接词和衔接词语，从而做到收放自如。
	精通级 C2 级	达到 C2 等级的学生能毫不费力地真正理解所看到及听到的事件。能对复杂题材开展讨论。能总结不同的口头论文及书面写信，并且有能力连贯地复述这些信息的要点和逻辑推理。能流利、准确且即兴表达自己的意见，并能清楚有效地在复杂题材讨论时表达自己的观点，基本上可以应对任何场合对所学语言的要求。

DELE B2 口语考试简介及注意事项

1. 准备考场中的考官及其职责

　　每场口语考试之前，考生首先会按照要求进入准备考场。然后，根据自己考试等级的不同，准备考场的考官会给考生口语题并计时。DELE B2 等级的口语准备时间是 20 分钟。在这 20 分钟内，考生可以按照两张题卡上的要求准备口语，如果需要，考生还可以在考官给的白纸上写下自己的口语论述题纲。准备结束后，准备考场的考官会把考生带到口语考场，考生可以将自己写的题纲一并带进口语考场。但是，在口语考场中，考生只能时不时得看一眼提纲上的提示，但是不能全程看提纲并读题纲中的内容。如果违规操作，口语考官会提示一次。如果继续违规，分数会被判得很低。另外，考生也无需担心自己无法记住口语题卡中的内容，因为在口语考场中，口语考官会为考生准备同样的题卡作为参照。

2. 口语考场中的面试考官及其职责

　　考生从准备考场出来之后，会被负责的考官带到口语考场门口。如果这时口语考场中仍有考生在考试，负责老师会示意考生稍等片刻，待之前的考生出来之后，再敲门进入，以示礼貌。进入口语考场时，坐在考生右手边的面试考官会起身并示意考生坐在自己对面，然后会跟考生介绍另一位坐在考生左手边的老师。相互打招呼之后，考官会示意考生坐下来，并询问其真实姓名、准考证号码和索要身份证来验明考生身份。这个时候，口语考试不会马上开始，毕竟大多数参加口语的考生会比较紧张。考官会例行问考生几个与考试无关的问题，比如：你是哪里人？你学西语多久了？你是如何来到考场的？考生在此时不要慌乱，因为考官问问题的目的是为了破冰，从而缓解考生的紧张情绪，无论考生的回答如何，都一律不算进口语考试的分数。寒暄过后，考官会按照要求用西班牙语解释口语考试流程。在考试过程中，面试考官的职责是询问考生问题以及引导学生顺利完成考试，然后从总体表现上给考生进行打分。按照考试规定，DELE B2 等级口语考试的分数为 25 分，面试考官打分权限占比 40%，也就是 10 分。考试结束后，面试考官会根据打分规则和打分档位来告知评分考官自己的判分情况。最后，评分考官会在口语答题卡上涂写考生的成绩。

3. 口语考场中的评分考官及其职责

　　与面试考官不同，评分考官会坐在考生的身后，或者一个考生视线范围之外的地方。这样的设计是因为：首先，如果考生在口语论述过程中看到了评分老师在题卡上涂改，会对考生造成心里负担；再次，两位考官的同时打分，也避免了打分过于主观性；最后，由于面试考官会专注询问考生问题或者引导考生完成考试，所以无法察觉对考生在考试过程中出现的细节错误。这时，评分考官会根据考生的独白部分和回答问题部分给予评分。在评分时，由于无需跟考生谈，评分考官可以冷静地针对：关联性、口语流利程度、语法正确性和词汇水平进行详细评分。跟面试考官一样，评分考官也有自己的打分规则和打分档位。DELE B2 等级口语考试的分数为 25 分，评分考官打分权限占比 60%，也就是 15 分。这个部分，我们会在下一页给大家做出详细解释。

4. 考试过程中的突发事件及处理方式

　　1）针对因紧张等情绪影响口语表达的考生，考官会对其进行引导。如果问题听不清或者听不懂，可以让考官重复问题或者解释问题。但是，如果这种情况频繁出现，会被视为口语表达能力不足并扣除相应的分数；

　　2）在疫情期间，考生在考试过程中需要佩戴口罩，尽可能避免与其他考生及考官直接接触；

　　3）在口语考试过程中禁止使用电子设备，违反规定者取消成绩；

　　4）口语考试结束之后，禁止询问考官口语成绩，考试成绩会在考试结束后的 3 个月左右公布在塞万提斯的官方网站上；

　　5）口语考试结束之后，打草稿用的草稿纸需要留给考官，不得带出考场，也不得与其他考生在走廊内讨论考题，违反规定者取消成绩。

面试考官判分标准详细描述

1、整体成绩

0 档分数描述
被归于零档的考生只能勉强表达自己的观点或描述图片信息，自己的论述与考题有相当大的出入，根本达不到交流目的。由于语言的限制导致其无法表述自己想表达的内容。回答问题的时候，答案十分简单，另外，在考试当中，因为理解不充分等原因，考生不断需要考官的协助来理解考试题。

1 档分数描述
被归于一档的考生虽然能表达一些想法，但是既不清晰也不完整。同样，他也不符合考题中要求考生达到的交流目的。考生表达自己意见的时候比较费劲，语言的局限性比较明显：比如说语法错误，词汇不准确或使用不当。尽管考生能就日常话题进行简单的对话，可能需要澄清和重复一下考官的话以确认彼此都听懂。

2 档分数描述
被归于这个档位的考生能清楚地表达自己的观点，可以对设定的情景展开描述并完成考题的询问目的或交际目的。考生的语言能力足以使其清楚地，几乎不受约束地表达想说的内容。考试的过程中，考生展示出较高的对词汇量和语法准确性的掌控。虽然考生有时犯错或表述不精准，偶尔会自行纠正。在对答部分，考生可以维持正常的谈话，与考官协作来完成考试。

3 档分数描述
被归于这个档位的考生可以清楚地表达自己的意见，描述场景时游刃有余且注重相关细节。论述过程中，考生可以通过论据来表达自己的想法。此外，考生的语言功底足以让其清楚地表达自己想表达的意思，此类词汇储备充足，语法错误十分少，在单词方面很少有错误和不准确之处，即便是有，大部分时候也可以纠正。在对话部分，考生能轻松熟练地交谈，自然地使用适当的语言资源来为自己服务，跟考官一问一答，无缝衔接。

2、分解成绩：关联性

0 档分数描述
被归于这个档位的考生演讲相当有局限性，演讲的内容都是由单词组和简单的连接词组成（例如 y, pero, porque）。

1 档分数描述
被归于这个档位的考生可以和对方正常交谈，但是需要对话者的帮助才能完成谈话内容。关联词的使用简单且简短，但是可以按照论述顺序表达。（例如 es que, por eso, además）.

2 档分数描述
被归于这个档位的考生可以根据提纲进行清晰且连贯的演讲，演讲中会使用适当的关联词，尽管数量有限。当表述时间过长或者遇到复杂的句式，可能会失去对其表述的把控，也就是我们所说的虎头蛇尾。

3 档分数描述
被归于这个档位的考生可以就论述主题进行连贯和有中心思想的演讲，过程中，考生会适当和多样化地使用串联词汇、连接词和其他衔接语句。与考官交谈的时候可以做到轻车熟路，毫不费力地使用适当的语言资源储备来为自己服务，在问答过程中可以做到无缝衔接。

3、分解成绩：语言流利度

0 档分数描述
被归于这个档位的考生会试图用非常简短的表达方式让对方理解自己的意思，但是过程中会出现各种停顿、疑惑和不断重新措辞的情况。考生的发音通常很清晰，很容易理解，尽管口音和偶尔的错误可能会导致考官理解起来有一定的困难。
1 档分数描述
被归于这个档位的考生会用易于他人理解的方式说话，但演讲过程中会因思考适当的语法和词汇造成显而易见的停顿。考生发音清晰可辨，但外国口音可能有些明显，会出现零星的错误。
2 档分数描述
被归于这个档位的考生在演讲的时候口语表达比较流利，节奏也比较平稳。尽管在组织语言的时候会有些犹豫不决，但是很少发生长时间的停顿。考生发音清晰可辨，但外国口音可能有些明显，有可能会出现零星的错误。
3 档分数描述
被归于这个档位的考生可以随心所欲地表达自己的想法。在口语论述和回答问题的过程中，考生在大部分时候能表现出明显的流畅性，并展现出表达能力。即使所说的句子长而复杂，考生也可以用绕弯子的方式和动词词组来弥补词汇和结构的缺陷。考生发音很容易理解，尽管外国口音较明显，但是考生可以通过语调的变化来表达词义和意义的细微差别或者说话的态度。

4、分解成绩：语法正确性

0 档分数描述
被归于这个档位的考生虽然可以正确地使用一些简单的结构，但基础错误频出，例如动词时态混乱或者前后不一致（这里的前后不一致指的是名词单复数，名词阴阳性和形容词之间无法达成一致）。
1 档分数描述
被归于这个档位的考生可以驾驭并控制常规且初级的语法结构。虽然会出现语法错误，但不会导致对方无法理解自己的口语内容。
2 档分数描述
被归于这个档位的考生可以在论述过程中对语法有相对较高的控制。所犯的语法错误不会导致对方无法理解。当意识到自己有语法错误的时候，有时会自我纠正。
3 档分数描述
被归于这个档位的考生可以在论述过程中表现出高度的语法控制。在论述或者回答问题时，考生在句子结构中和语法体系中几乎没有系统的语法错误，瑕疵的出现也相对较少，即使出现错误也会自我纠正。

5、分解成绩：词汇使用水平

语法正确性
0 档分数描述
被归于这个档位的考生词汇储备尽管有限，但是可以使其能够在简单和日常情况下（基本需求，常见交易等）传递有关个人问题和周围环境的信息。在论述过程中，考生必须调整词汇难度、思考如何措辞或者转化信息为自己可以掌控的表达方式。最后，考生用词会出现不精准和词汇错误的情况。

1 档分数描述
被归于这个档位的考生虽然以合理的精确度传递简单的信息，但其词汇储备不允许考生清楚地描述或表达自己的观点。另外，考生大部分的论述都由简单句构成，有时还需要回想学过的单词。最后，考生用词会出现不精准和词汇错误的情况。

2 档分数描述
被归于这个档位的考生词汇储备较高且涉及领域相对广泛。也因为这个原因，考生能针对一般主题做出清晰的描述并合理表达观点。论述中，考生回想单词和措辞的情况不仅不明显，而且会使用复杂的句子来阐述自己的观点。最后，考生在选择使用单词时候，可能会出现一些不准确或错误的情况。

3 档分数描述
被归于这个档位的考生的词汇储备给人一种精通的感觉。也因为这个原因，考生可以毫不费力地选择措辞。在想表达自己观点的时候，考生也完全不受词汇不足的限制，尽管有时会犯简单一些错误。

DELE 口语成绩具体算法

面试考官整体成绩　（25 分 x 40% = 10 分）
DELE B2 口语考试分为 3 个部分：1. 口语独白和回答问题；2. 图片描述和回答问题；3. 即兴论述和回答问题。由于面试考官会对考生的整体成绩进行直接打分，所以就可以忽略 3 个口语组成部分并做出整体判定。接下来，我们将整体成绩分为 0 档到 3 档（4 个档位且 0 档不得分），所以我们就可以将 10 分进行 3 等分，这样就可以得出下列得分。

1 档分数描述	
被判定为 0 档分数的考生在面试考官打分卡中的得分为：	0 分
被判定为 1 档分数的考生在面试考官打分卡中的得分为：	3.33 分 （精确到小数点后两位）
被判定为 2 档分数的考生在面试考官打分卡中的得分为：	6.66 分 （精确到小数点后两位）
被判定为 3 档分数的考生在面试考官打分卡中的得分为：	10 分

评分考官分解成绩　（25 分 x 60% = 15 分）
由于评分考官会对考生的分解成绩进行细节打分，所以就必须重视 3 个口语组成部分并做出分解判定。
首先我们将分解成绩中的 15 分进行 3 等分，这样就可以得出每个口语部分为 5 分。之后，我们再将 5 分分给 4 项分解成绩评判标准，就得到每个标准 1.25 分。最后，我们再将每个标准中 1.25 分按照 0 档到 3 档（4 个档位且 0 档不得分）3 等分，就得到 1 档的分数为 0.42 分。如下图：
我们假设一个口语考生在评分考官打分卡中全部被判定为 2 档分数，那么这位考生的得分就是：
0.42 分 x 2（3 等分中的**两份**）x 4（4 项判定标准）x 3（3 个口语部分）= 10.08 分
此时，如果面试考官也打出了 2 档的分数 6.66 分，那么这位考生的最后得分就是：
6.66（面试考官打分）+ 10.08（评分考官打分）= 16.74 分 （考生口语总成绩）
尽管考生无法看到考官的打分，但是根据判分详细描述中的内容，也可以对自己的口语成绩有所了解。如果感觉自己的能力超过或者无法达到考试要求，就可以做出之后的学习计划。

Unidad 1 El cuerpo humano
第一单元 人体

Vocabulario 词汇表

frente (f.) 前额，额头	intestino (m.) 肠子	ternura (f.) 柔软；温柔
mejilla (f.) 面颊	esqueleto (m.) 骨骼	timidez (f.) 腼腆；害羞
barbilla (f.) 下巴	columna (f.) 柱；脊柱	valentía (f.) 勇敢；勇气
ceja (f.) 眉毛	costilla (f.) 肋骨	enfado (m.) 生气
pestaña (f.) 睫毛	maternidad (f.) 母性；母亲	tristeza (f.) 伤心
nervio (m.) 神经	paternidad (f.) 父权；父亲	vista (f.) 视觉
articulación (f.) 关节	cadáver (m.) 尸体	oído (m.) 听觉
arteria (f.) 动脉	emoción (f.) 激动；情感	lentilla (f.) 隐形眼镜
tendón (f.) 腱	felicidad (f.) 幸福	colgante (m.) 吊坠
ciego/a (m.f.) 盲人	orgullo (m.) 骄傲	cadena (f.) 项链；链子
sordo/a (m.f.) 耳聋的	angustia (f.) 焦虑	irresponsabilidad (f.) 不负责
embarazo (m.) 怀孕	valor sentimental (m.) 情感价值	tumba (f.) 坟墓
cesárea (f.) 剖腹产手术	canas (f.) 白发	menstruación (f.) 月经
constancia (f.) 恒心	uña (f.) 指甲	fecundación (f.) 受精
inconstancia (f.) 不坚定	arruga (f.) 皱纹	parto (m.) 分娩
cobardía (f.) 懦弱	cerebro (m.) 大脑	arrogancia (f.) 傲慢
curiosidad (f.) 好奇	hígado (m.) 肝脏	alegría (f.) 高兴
egoísmo (f.) 自私	mudo/a (m.f.) 哑巴	admiración (f.) 钦佩
generosidad (f.) 慷慨	saliva (f.) 唾液	alivio (m.) 减缓
impuntualidad (f.) 不守时	lágrima (f.) 眼泪	responsabilidad (f.) 负责
puntualidad (f.) 准时	sudor (m.) 汗液	estatura (f.) 身材；身高
estrés (m.) 压力	gesto (m.) 手势	gusto (m.) 味觉；品味
odio (m.) 憎恨	expresión (f.) 表达；表情	tacto (m.) 触觉
temor (m.) 恐惧	aborto (m.) 堕胎	arrogancia (f.) 傲慢
olfato (m.) 嗅觉	ambición (f.) 野心	riñón (m.) 肾脏
alianza (f.) 婚戒	insensibilidad (f.) 麻木	seriedad (f.) 严肃
gargantilla (f.) 短项链；喉链	sensibilidad (f.) 敏感	

Escuchará cada frase dos veces. Después, completa cada hueco con las palabras correspondientes.
每个句子听两遍。之后，用相应的单词填空。

Sustantivo 名词

1. Mateo suele golpear la _____ cuando hace los deberes.
2. Santiago tiene _____ en su ceja, pero le molesta que la gente le diga eso.
3. Daniel siente picor en la _____ después de matar un mosquito.
4. Cecilia se rompió una _____ y ahora le duele muchísimo.
5. Aaron decidió afeitar su _____ para ponerse más guapo.
6. Ana se dio cuenta de que una _____ en su cuello desapareció al tomar un medicamento.
7. Eva maquilló sus _____ para participar en una fiesta de cumpleaños.
8. A Marco le quitaron un tumor en el _____ cuando tenía 7 años.
9. A Diego se le cayó la _____ tras una operación quirúrgica.
10. Emilio se comió un _____ entero y ahora le duele mucho el estómago.
11. Raúl perdió los _____ cuando se enteró de la noticia.
12. Hugo se quedó _____ cuando metió su cabeza al agua.
13. Susana tiene una cicatriz en la _____ de su rodilla izquierda.
14. Ignacio escupió _____ con sangre la semana pasada.
15. Elena hizo una operación para reparar una _____ obstruida.
16. Mónica se quitó las _____ al enterarse de la llegada de su prima.
17. Amelia se rompió un _____ mientras levantaba un sofá.
18. Jorge tenía mucho _____ en su cabeza cuando se despertó.
19. Camelia es _____ de nacimiento y ha aprendido a caminar con la ayuda de su hermana.
20. Lucas hizo un _____ de respeto a su jefe cuando llegó a la oficina.

21. La prima de Mario es _____ debido a una infección.
22. El primo de Salvador dice que hay muchas palabras y _____ en el informe que no entiende.
23. El _____ de la madre de Camelia fue un regalo para toda la familia.
24. La prima de Mario hizo un _____ ilegal en un país europeo.
25. El médico hizo una _____ para que Amelia diera a luz a su hijo prematuro.
26. Mateo tiene _____ de convertirse en el mejor cocinero del mundo.
27. Santiago demostró _____ ante el examen de ingreso a la universidad.
28. Daniel mostró _____ cuando vio la corrida de toros.
29. El clima en esta región es muy _____, puede pasar de un sol radiante a una tormenta en cuestión de minutos.
30. La _____ de Aaron hace que los demás se callen.
31. La _____ para enfrentar los miedos y desafíos le ahoga a Ana.
32. El examen debe tratarse con la máxima _____.
33. Marco tiene _____ por aprender francés.
34. Diego muestra _____ hacia el niño recién nacido.
35. El _____ Emilio es evidente.
36. La _____ de Amelia la llevó a evitar situaciones incómodas.
37. La _____ del presidente de la comunidad merece nuestro respeto.
38. La _____ de Mateo es patente en su lucha contra la injusticia.

39. El profesor de matemáticas ignora la _____ de sus estudiantes.

40. Mi exnovia me causó mucho _____ el año pasado.

41. Mi mujer siempre llega con _____ a todas partes.

42. Santiago experimenta _____ cuando murió su perro.

43. La novata sufre _____ debido al acoso laboral.

44. La _____ de Amelia se dañó porque sus gafas de protección se rompieron accidentalmente.

45. Siento un gran _____ hacia mi cuñado porque acosa a mi prima con frecuencia.

46. Cecilia tiene un _____ deterioro que no le permite escuchar bien.

47. Aaron siente _____ hacia las alturas y no puede hacer escalada.

48. Ana perdió su _____ y ahora tiene dificultades para ver con claridad.

49. Eva perdió su sentido del _____ después de una enfermedad grave.

50. E _____ de Camelia era una joya impresionante que les llamó la atención a todos.

51. La _____ es un símbolo importante del matrimonio.

52. La _____ que llevaba mi abuela era una reliquia familiar que había pasado de generación en generación.

53. La _____ de Cecilia era una pieza única de joyería que complementaba su atuendo.

54. La _____ del portero causó muchos problemas a la comunidad.

55. Daniel decidió vender su _____ a cambio de un teléfono móvil.

56. La _____ de Aaron estaba cubierta de flores.

57. El _____ de la ballena azul es más largo que el de cualquier otro animal terrestre.

58. Ana se siente incómoda durante su _____ debido a los dolores abdominales.

59. Lola sufrió una fractura en su _____.

60. Laura está emocionada por la _____ in vitro que le permitirá tener un bebé.

61. Claudia tiene una herida en su _____ vertebral.

62. El _____ fue difícil, pero La prima de Mario dio a luz a una hermosa niña.

63. El primo de Salvador se fracturó una _____ cuando practicaba deportes extremos.

64. El personal de recursos humanos mostró _____ y rechazó la solicitud de Pedro.

65. Selina está disfrutando de su _____ porque no quiere trabajar.

66. Selina sintió _____ al recibir la noticia de su hijo.

67. El primo de Salvador está emocionado por su _____ y está ansioso por conocer a su bebé.

68. El suegro de Mario expresó _____ por el éxito de su yerno en los negocios.

69. La madre de Camelia se sintió _____ cuando vio el cadáver de su amigo.

70. El moribundo sintió _____ cuando llegó su hermana.

71. El hincha experimentó una gran _____ al ver a su equipo ganar el campeonato.

72. Sergio asumió la _____ de liderar el proyecto.

73. Fátima escribió sobre su búsqueda de la _____.

74. Aquel chico alto, con una _____ de 1,90 metros, destacaba en la multitud.

75. Samuel sintió _____ cuando vio a su hijo menor.

76. El _____ de la tía de Valentina es peculiar.

77. La _____ de Ignacio por la pérdida de su perro es profunda.

78. El nuevo peluche de mi hija tiene un _____ muy suave.

79. La blusa que me regaló mi madre tiene un gran _____.

80. El _____ fue encontrado al día siguiente en el bosque.

Adjetivos 形容词

ambicioso/a (*adj*.) 野心勃勃的	espantoso/a (*adj*.) 可怕的	animado/a (*adj*.) 活泼的
callado/a (*adj*.) 安静的	hambriento/a (*adj*.) 饥饿的	contento/a (*adj*.) 高兴的
cobarde (*adj*.) 胆小的	resignado/a (*adj*.) 忍耐的	acomplejado/a (*adj*.) 自卑的
constante (*adj*.) 有恒心的	sorprendido/a (*adj*.) 吃惊的	desilusionado/a (*adj*.) 失望的
curioso/a (*adj*.) 好奇的	avergonzado/a (*adj*.) 羞愧的	dolido/a (*adj*.) 伤心的
discreto/a (*adj*.) 不引人注目的	distraído/a (*adj*.) 心不在焉的	horrible (*adj*.) 可怕的，恐怖的
solidario/a (*adj*.) 共同的	tacaño/a (*adj*.) 吝啬的	educado/a (*adj*.) 有教养的
desanimado/a (*adj*.) 沮丧的	tierno/a (*adj*.) 柔软的；可爱的	helado/a (*adj*.) 冰冷的
fascinado/a (*adj*.) 着迷的	irresponsable (*adj*.) 不负责的	satisfecho/a (*adj*.) 满意的
feliz (*adj*.) 幸福的；吉利的	responsable (*adj*.) 负责的	agobiado/a (*adj*.) 疲惫不堪的
disgustado/a (*adj*.) 不高兴的	susceptible (*adj*.) 敏感的	inconsciente (*adj*.) 无意识的
idéntico/a (*adj*.) 完全相同的	apasionado/a (*adj*.) 热烈的	loco/a (*adj*.) 疯癫的
atento/a (*adj*.) 细心的，有礼貌的		

Adjetivo 形容词

1. Alba ha presentado un proyecto _____ esta mañana.

2. El padre de Victoria es tan _____ que nunca gasta dinero en ropa.

3. Alba es _____, pero siempre sobresale en sus estudios.

4. Las manos de mi bebé son _____.

5. El enemigo americano fue _____ en la batalla y huyó del campo de batalla.

6. Víctor es _____ y no puede solucionar problemas importantes en la escuela.

7. Susana es _____ en su entrenamiento y está preparada para cualquier desafío.

8. Santiago se ha convertido en el _____ del departamento de ventas.

9. Es _____, el niño siempre tiene una anécdota interesante que contar.

10. Mi suegra es _____ sobre el sueldo de hija.

11. Mi profesor es tan _____ que no hemos percatado de su llegada.

12. Un espectáculo _____ de piano dejó al público sin aliento.

13. La población es _____ y se ayuda mutuamente en tiempos difíciles.

14. Las niñas _____ disfrutan dibujando y siempre tienen una sonrisa en sus rostros.

15. El fracaso ha dejado al equipo _____.

16. El éxito del nuevo proyecto nos hace sentir _____.

17. Los participantes quedaron _____ cuando vieron al profesor Mario.

18. Sentirse _____ por la tragedia es una reacción natural.

19. El ambiente _____ fue lo que más valoró en su infancia.

20. Me sentí _____ porque suspendí el examen de matemáticas.

21. Los inversores estaban _____ con el nuevo plan.

22. Estaba _____ porque su mujer se fue con su amante.

23. Santiago y Daniel recibieron tres premios _____.

24. La tragedia del terremoto fue _____ y dejó una profunda huella en la comunidad.

25. El huracán fue _____ y dejó a muchos heridos en la ciudad.

26. Mi hijo es tan _____ que se quita el sombrero cuando saluda a la gente.

27. Cualquier refugiado _____ recibirá dos barras de pan caliente.

28. El vaso es tan _____ que nadie es capaz de cogerlo.

29. Aunque los exámenes eran complicados, se mantuvo _____.

30. Daniela se sintió _____ con el protagonista y su actuación.

31. Me sentí _____ porque me dio dos bofetadas.

32. El estrés de tener un nuevo jefe lo dejó _____.

33. Está _____ a cada detalle y responde con confianza a las preguntas del catedrático.

34. Muchas personas todavía son _____ del impacto climático.

35. Fumar mientras conduce es _____, porque puede distraer la atención del conductor.

36. Aunque lo consideraban _____ por querer ser cantante, nunca dejó de perseguir su sueño.

37. Después de recibir quimioterapia, el enfermo se sintió _____ por su apariencia física, pero su familia lo apoyó incondicionalmente.

Verbos y locuciones 动词和短语

dar a luz 分娩	dar asco 使感到恶心	rascarse (*tr.*) 挠，抓
fallecer (*intr.*) 去世，逝世	dar igual 无所谓；不在乎	arañar (*tr.*)（用指甲）抓
enterrar (*tr.*) 埋，埋葬	progresar (*intr.*) 进步	acariciar (*tr.*) 爱抚
incinerar (*tr.*) 焚化，火化	ponerse furioso 使暴怒	aplaudir (*tr.*) 鼓掌
tumbarse (*prnl.*) 躺着	sentir alegría 感到开心	señalar (*tr.*) 指出
incorporarse (*prnl.*) 坐起来	malos modales 举止粗鲁	disfrutar (*tr.*) (*intr.*) 享受
alzarse (*prnl.*) 升起；高耸	masticar (*tr.*) 咀嚼	adorar (*tr.*) 崇敬，喜欢
agacharse (*prnl.*) 弯腰	buenos modales 举止优雅	dar pánico 使感到害怕
cruzar los brazos 交叉双臂	dar una patada 踹一脚	mejorar (*tr.*) 优化；提高
ponerse de pie 站立	dar una torta 扇耳光	evolucionar (*intr.*) 进化
ponerse de rodillas 下跪	dar un puñetazo 打一拳	ponerse histérico 歇斯底里
quedarse dormido 入睡	estornudar (*tr.*) 打喷嚏	sentir angustia 感到焦虑
indicar (*tr.*) 表明，说明	bostezar (*tr.*) 打哈欠	tener envidia 妒忌
amar (*tr.*) 爱	sudar (*intr.*) 出汗	carácter serio 严肃的性格
sorprender (*tr.*) 吃惊	escupir (*intr.*) (*tr.*) 吐痰	asustarse (*tr.*) (*prnl.*) 受惊吓
estresarse (*prnl.*) 紧张	sujetar (*tr.*) 握住，抓住	avergonzarse (*prnl.*) 害羞
cansarse (*tr.*) (*prnl.*) 疲惫	aguantar (*tr.*) 撑住，忍住	agotarse (*tr.*) (*prnl.*) 使耗尽
lamentar (*tr.*) 遗憾	detestar (*tr.*) 憎恨	estar agotado/a 疲惫不堪
volverle loco a alguien 使倾倒；使疯狂		carácter tranquilo 平静的性格
experimentar dolor 经历疼痛		como dos gotas de agua 一模一样
estar como una cabra 精神失常的		quedarse quieto 保持一个姿势不动
no tener dos dedos de frente 没头脑		resignarse (*tr.*) (*prnl.*) 忍受，屈从
hacerle ilusión a alguien 让人兴奋		complejo de inferioridad 自卑情结
complejo de superioridad 优越感		tener una cicatriz 有一道伤疤

Escuchará cada frase dos veces. Después, completa cada hueco con las palabras correspondientes.
每个句子听两遍。之后，用相应的单词填空。

Verbos y locuciones 动词和短语

1. Mi hermana acaba de _____ a un hermoso bebé.
2. Mateo _____ la cabeza mientras piensa en la respuesta.
3. Daniel _____ rodeado de su familia.
4. La gata _____ un sofá recién comprado.
5. _____ a mi perro en el jardín de mi madre.
6. Mi mamá _____ mi mejilla cuando llegó a casa.
7. Los cádaveres fueron _____ dos semanas antes.
8. El entrenador _____ a un jugador para mostrar su frustración.
9. Aaron _____ en la playa para tomar el sol.
10. El maestro _____ en mi mano.
11. Fátima _____ enseguida para dar el bienvenido a su novio.
12. Sergio _____ en la mesa porque se enfadó mucho.
13. Samuel _____ en el podio para recibir una medalla de oro.
14. Lola _____ varias veces debido a su alergia al polen.
15. Claudia _____ para recoger una moneda sucia.
16. Selina _____ varias veces durante una reunión de negocios.
17. Elena _____ y frunció el ceño.
18. El hermano de Felisa _____ a mares cuando vio su profesor.
19. Mateo _____ cuando su amigo llegó a la fiesta.
20. Santiago _____ sangre porque alguien le disparó.

21. El rey _____ ante el Papa para recibir su bendición.
22. Cecilia no consiguió _____ el dolor y gritó.
23. El conductor _____ cuando su coche chocó con un árbol robusto.
24. La camarera _____ una bandeja pesada con mucha dificultad.
25. Fátima _____ viendo la tele.
26. Adelita _____ a su cantante favorito cuando terminó el concierto.
27. Elena _____ a los turistas el camino hacia un museo cercano.
28. Sergio _____ el camino más corto para llegar al centro de la ciudad.
29. Mis abuelos _____ profundamente durante toda su vida.
30. Samuel _____ la hermosa vista desde la cima de una montaña.
31. El ejército _____ al enemigo con un ataque nocturno.
32. La reina era _____ por su pueblo por su compasión.
33. Selina _____ y se comió un pato entero.
34. El conserje _____ a los niños que jugaban en el parque por la noche.
35. Mateo _____ después de escribir doce artículos.
36. Santiago _____ cuando se dio cuenta de que había olvidado su discurso en casa.
37. Daniel _____ no haber estudiado más para el examen.
38. Cecilia _____ la idea de tener que trabajar en los fines de semana.
39. Este hombre _____ después de correr una carrera de larga distancia.
40. El gerente _____ a la idea de tener que despedir a algunos empleados.

41. Mi novia _____ con su constante necesidad de atención.
42. Aaron _____ en la mejilla izquierda debido a un accidente de coche.
43. Ana y Felisa _____, son idénticas en apariencia.
44. _____ que su equipo de fútbol gane el campeonato.
45. Mi vecino _____ porque siempre comete errores tontos.
46. El pintor _____ del éxito de su colega.
47. Camelia _____ y siempre hace cosas locas e impredecibles.
48. A Raúl _____ lo que piensen los demás de él, siempre hace lo que quiere.
49. Hugo _____ a los niños pequeños con su apariencia aterradora.
50. Susana _____ en su carrera gracias a su esfuerzo.
51. Los docentes _____ la calidad de la educación pública.
52. La prima de Marco _____ con facilidad.
53. Los coches eléctricos _____ rápidamente.
54. Juana _____ al comenzar su nueva vida con su esposo.
55. Camelia _____ cuando su pareja no le presta suficiente atención.
56. _____ agudo en la espalda y decidió tomar una pastilla.
57. Ignacio _____ cuando tiene que hablar en público.
58. Elena siempre _____ en situaciones estresantes.
59. Mónica _____ después de trabajar largas horas.
60. Amelia _____ y siempre se siente inferior a los demás.
61. El niño _____ y siempre se toma las cosas muy en serio.
62. Jorge tarda mucho tiempo en _____ la comida.
63. El filólogo _____ y siempre piensa que sabe más que los demás.

Tarea 1 (opción 1) Obesidad y sobrepeso

Instrucciones

Situación: Según los datos de la Organización Mundial de la Salud (OMS), en 2019, más de 2,300 millones de adultos de 18 o más años tenían sobrepeso, de los cuales, más de 960 millones eran obesos. Además, según las estimaciones, alrededor de 50 millones de niños menores de cinco años tenían sobrepeso o eran obesos. Si bien es cierto que el sobrepeso y la obesidad se consideraban antes un problema propio de los países desarrollados, actualmente ambos trastornos aumentan también en los países en vías de desarrollo, en particular en los entornos urbanos. Dada la grave situación actual, en una tertulia radiofónica celebrada esta mañana en que han participado un grupo de médicos prestigiosos de China se han ofrecido una serie de propuestas a la población para solventar problemas relacionados con el sobrepeso y la obesidad. (Fuente: OMS.)

Monólogo 独白部分

Lea las propuestas. Después, durante unos 3 minutos, explique las ventajas y desventajas que cree que tienen. Por favor, hable como mínimo de cuatro de las cinco propuestas. Finalmente, hablará con el entrevistador sobre el tema. Con el fin de preparar su monólogo, tras analizar cada propuesta, debe reflexionar: por qué le resulta una buena propuesta y qué desventajas tiene; si puede generar otros problemas o traer algunas consecuencias; si hace falta destacar algo, etc. 阅读下列建议。之后，在三分钟左右的时间内，您需要解释这些建议中的好处和坏处。请至少分析五条建议中的四条。最后，请与考官交谈关于准备的主题。为了准备好个人独白部分，在分析完每条建议之后，您必须思考为什

么您觉得这是一条好的建议或者它有什么坏处，又或者这条建议会导致出现什么问题，什么结果，或者您觉得需要强调某个点。

Primera propuesta
Prohibiría colocar máquinas expendedoras dentro del colegio o instituto a fin de mejorar los entornos escolares de alimentación.

Segunda propuesta
Tanto los progenitores como educadores deberían limitar a los niños el consumo de alimentos ricos en azúcares y grasas.

Tercera propuesta
Habría que realizar actividades físicas con frecuencia: una hora al día para los jóvenes y tres horas semanales para los adultos. En el caso de que haya un alto grado de obesidad, se recomienda comenzar por caminar 30 minutos al día a paso ligero.

Cuarta propuesta
Habría que mantener una dieta sana y equilibrada, por lo tanto, se aconseja comer varias veces al día fruta y verdura, así como legumbres, cereales integrales y frutos secos.

Quinta propuesta
Sería primordial dejar de fumar y de consumir bebidas alcohólicas en abundancia, ya que estas dos costumbres insalubres no solo están asociadas con muchas enfermedades, sino también con el aumento de peso.

Conversación 交谈部分

Cuando el candidato termine su monólogo, el entrevistador le hará algunas preguntas sobre el tema durante unos 3 minutos. La duración total de esta prueba es de 7 minutos, más o menos.
当考生结束个人独白部分之后，考官会根据考生所选主题对其进行三分钟的提问。独白和询问问题的部分总共会持续七分钟左右。

Preguntas para el entrevistador 考官问题
（请扫描右侧的二维码）

Extrategias 应答技巧

Expresan acuerdo 表达同意此建议

1. estoy de acuerdo con esta propuesta, porque... 我同意这条建议，因为……
   Estoy de acuerdo con esta propuesta, porque la nicotina acelera nuestro metabolismo y aumenta la cantidad de calorías que nuestro cuerpo usa.
   我同意这条建议，因为尼古丁在增加新陈代谢的同时，也会大量增加我们身体中所消耗的热量。

2. pienso igual que el autor de estas propuestas 我与这些建议的作者想法一致

Pienso igual que el autor de estas propuestas, si una persona deja de fumar, ya no le hace falta quemar tantas calorías, por lo que su peso aumentará.

我与这些建议的作者想法一致，如果一个人戒烟，就不再需要燃烧热量，那么他的体重就会增加。

3. estoy a favor de esta propuesta 我赞成这条建议

Estoy a favor de esta propuesta, el tabaco reduce nuestro apetito y hace que tengamos menos hambre.

我赞成这条建议，因为香烟会减少我们的食欲，让我们不那么饿。

4. soy de la misma opinión que él 我与他的意见一致

Soy de la misma opinión que él, la obesidad y el sobrepeso contribuyen a un importante problema de salud pública en todo el mundo.

我与他的意见一致，肥胖和超重对全世界民众造成了严重的健康问题。

5. soy partidario/a de esta propuesta 我是这条建议的拥护者

Soy partidario de esta propuesta, porque es una buena idea animar a los niños a probar alimentos nuevos.

我是这条建议的拥护者，因为我觉得鼓励孩子们去尝试新的食物是一个好主意。

6. creo que el autor o la autora de esta propuesta tiene razón, porque... 我认为这条建议的作者说的有道理，因为……

Creo que el autor o la autora de esta propuesta tiene razón, porque la prohibición de colocar máquinas expendedoras dentro del colegio o instituto es una buena medida para reducir la obesidad infantil.

我认为这条建议的作者说的有道理，因为禁止在中小学内摆放自动贩卖机是减少少儿肥胖的有效措施。

Expresan desacuerdo 表达不同意此建议

1. no estoy de acuerdo con esta propuesta，porque... 我不同意这条建议，因为……

No estoy de acuerdo con esta propuesta, por que no creo que dejar de fumar ayude a perder el peso.

我不同意这条建议，因为我不认为戒烟会帮助减肥。

2. no comparto su opinión 我不同意他的看法

No comparto su opinión sobre realizar actividades físicas con mucha frecuencia, porque es perjudicial para la salud.

我不同意他关于频繁做运动的看法，因为这样会损害健康。

3. estoy en contra de su propuesta 我反对他的建议

Estoy en contra de su propuesta, dado que cuando una persona deja de fumar, su peso sube.

我反对他的建议，因为当一个人戒烟时，他的体重会增加。

4. yo pienso justo lo contrario 我的想法与之恰恰相反

Yo pienso justo lo contrario, en mi opinión, es aconsejable ir al gimnasio de forma regular, aunque sea una vez a la semana.

我的想法与之恰恰相反，在我看来，我建议他时常去一下健身房，哪怕一个星期去一次。

5. no estoy muy convencido/a de esta propuesta 对此建议，我无法做到心悦诚服

No estoy muy convencido/a de esta propuesta, ya que cualquier persona que tenga dinero será capaz de comprar estos alimentos.

对此建议，我无法做到心悦诚服，因为只要有钱，每个人都能买到这些食物。

6. yo no lo veo como una solución por varias razones, por ejemplo... 有诸多原因让我觉得这不是解决问题的方法，比如说……

Yo no lo veo como una solución por varias razones, por ejemplo, estas máquinas expendedoras de comida están llenas de productos insanos y los hacen disponibles a todas horas.

有诸多原因让我觉得这不是解决问题的方法，比如说那些人让这些装满不健康食品的自动贩卖机每时每刻都在营业。

7. creo que está equivocado/a 我觉得他弄错了

Creo que está equivocado/a, pienso que la mejor manera de controlar su expansión es suprimir las máquinas directamente en el colegio o instituto.

我觉得他弄错了，我觉得控制它蔓延的最好方式就是直接取消这些贩卖机在中小学内出现。

8. eso no es cierto 这种说法不正确

Eso no es cierto, utilizar la comida para satisfacer las necesidades físicas y emocionales de los niños es incorrecto.

这种说法不正确，利用食物来满足孩子们在物质和情感上的需求是不对的。

Tarea 2 (opción 1) Conciliación laboral y familiar

Instrucciones

Situación: Esta pareja se queja de que no tiene la posibilidad de disfrutar tiempo para su vida personal y familiar, así como compatibilizar con el desarrollo de su vida profesional.

│Monólogo 独白部分

Imagine la situación y descríbala durante 2 o 3 minutos. Estos son los aspectos que debe comentar:
想象一下下列场景并在两到三分钟的时间内对照片展开描述，描述时必须包含下列问题：

1. ¿Cree que la pareja está de mal humor? ¿Por qué lo piensa?

2. ¿Cómo se sienten los niños ante esta situación? ¿Qué opinión cree que tienen ellos de sus padres? ¿Cree que están acostumbrados a escuchar las quejas de sus padres?

3. ¿Cree que esto les sucede a menudo? ¿Por qué?

4. ¿Qué tipo de problemas cree que puede tener esta pareja joven?

5. ¿Por qué cree que ha llegado a esta situación? ¿Cuánto tiempo lleva aguantando esta situación?

6. ¿Cómo cree que se lleva uno con el otro?

7. ¿Qué cree que hará esta pareja? ¿Quién dejará de trabajar para cuidar de los niños? ¿Por qué?

8. ¿A qué se dedica esta pareja joven? ¿Es posible que trabajen en una misma empresa? ¿Por qué?

9. ¿Quién cuidará de los niños? ¿Quién sacrificará su carrera profesional?

10. ¿Cómo cree que será el futuro de esta familia?

|Conversación 交谈部分

Cuando el candidato termine su monólogo, el entrevistador le hará algunas preguntas sobre el tema durante unos 3 minutos. La duración total de esta prueba es de 7 minutos, más o menos.

当考生结束个人独白部分之后，考官会根据考生所选主题对其进行三分钟的提问。独白和询问问题的部分总共会持续七分钟左右。

Preguntas para el entrevistador 考官问题
（请扫描右侧的二维码）

Tarea 3 (opción 1) Uso de Wechat

Este es un cuestionario realizado por una universidad china a los estudiantes para conocer su opinión sobre el uso de Wechat en su tiempo libre, así como sus hábitos a la hora de navegar por Internet.

Primera encuesta 第一张调查问卷
¿Cuál de estas opciones considera que es la principal función de Wechat?

1. Comprar productos en línea, reservar hoteles o comprar billetes
2. Chismear o informarse
3. Conocer nuevas personas o chatear con sus amigos
4. Compartir publicaciones o subir fotos
5. Comunicarse con los amigos extranjeros mediante videollamadas
6. Resolver asuntos relacionados con su trabajo, tales como tomar notas durante una reunión u organizar videoconferencias
7. Entretener

¿Qué tipo de contenidos publica con mayor frecuencia en su perfil de Wechat?

1. Audios
2. Videos con texto
3. Sólo textos

4. Textos con fotografía o imagen

5. Sólo fotografías o imágenes

6. No publico nada

Segunda encuesta 第二张调查问卷

¿Cuál de estas opciones considera que es la principal función de Wechat?

1. Comprar productos en línea, reservar hoteles o comprar billetes 5%

2. Chismear o informarse 15%

3. Conocer nuevas personas o chatear con sus amigos 35%

4. Compartir publicaciones o subir fotos 16%

5. Comunicarse con los amigos extranjeros mediante videollamadas 9%

6. Resolver asuntos relacionados con su trabajo, tales como tomar notas durante una reunión u organizar videoconferencias 8%

7. Entretenerse 12%

¿Qué tipo de contenidos publica con mayor frecuencia en su perfil de Wechat?

1. Audios 4%

2. Videos con texto 18%

3. Sólo textos 3%

4. Textos con fotografía o imagen 45%

5. Sólo fotografías o imágenes 20%

6. No publico nada 10%

Preguntas para el entrevistador 考官问题

（请扫描右侧的二维码）

Unidad 2 Relaciones interpersonales y sociales
第二单元 人际关系和社会关系

Vocabulario 词汇表

cónyuge (m.f.) 配偶	habilidad (f.) 才能	boda de plata (f.) 银婚
suegro/a (m.f.) 岳父；岳母	boda de oro (f.) 金婚	tarta nupcial (f.) 婚宴蛋糕
yerno (m.) 女婿	mellizo/a (m.f.) 孪生儿	suite nupcial (m.) 婚房
nuera (f.) 儿媳	trillizo/a (m.f.) 三胞胎	padre adoptivo (m.) 养父
madre de alquiler (f.) 代母	miembro (m.) 家庭成员	enemigo/a (m.f.) 敌人
niño probeta (m.f.) 试管婴儿	invitado/a (m.f.) 客人	aniversario (m.) 周年纪念日
banquete (m.) 宴会	santo (m.) 圣人；教名日	celebración (f.) 庆祝
bautizo (m.) 洗礼	nacimiento (m.) 诞生；出生	ceremonia (f.) 仪式
familia adoptiva (f.) 收养家庭	imprudencia (f.) 鲁莽	niño/a huérfano/a (m.f.) 孤儿
hijo/a adoptivo/a (m.) 养子 / 女	familia numerosa (f.) 多口之家	
bisabuelo/a (m.f.) 曾祖父 / 母	marcha nupcial (f.) 婚礼进行曲	
tatarabuelo/a (m.f.) 高祖父 / 母	primera comunión (f.) 第一次领圣餐	
cuñado/a (m.f.) 姐夫，妹夫；大伯；小叔；姑子		

Escuchará cada frase dos veces. Después, completa cada hueco con las palabras correspondientes.
每个句子听两遍。之后，用相应的单词填空。

Sustantivo 名词

1. Tras el fallecimiento de su _____, mi tío se sumió en una profunda depresión.
2. La pareja celebró su aniversario de _____ en un parque temático.
3. Mi _____ se doctoró en la Universidad Autónoma de Barcelona el año pasado.
4. Durante la _____, Mateo se emocionó al ver a su hija caminar hacia el altar.
5. Mi _____ y yo fuimos a pescar el fin de semana pasado.
6. Santiago regaló una _____ a su mejor amigo.
7. El _____ se quemó accidentalmente mientras preparaba la cena.
8. Daniel alquiló una _____ lujosa para su boda.
9. Leonor se perdió en la ciudad mientras hacía compras para su _____.
10. Su _____ abandonó la carrera profesional para cuidar a su hijo enfermo.
11. Mi _____ jugaba al ajedrez todos los días cuando era pequeño.
12. A pesar de ser _____, Cecilia ha logrado encontrar su lugar en el mundo y ser feliz.
13. Aaron contó la historia de su _____ a su nieto.
14. Ana nació en una _____.

15. Eva parió _____ en un hospital privado.

16. Marco viene de una _____, pero no se queja nada.

17. Diego es padre de _____, por lo que debería trabajar mucho.

18. Los _____ están viviendo en un asilo abandonado.

19. Raúl detuvo a una _____ que intentaba escapar.

20. Hugo organizó una _____ de cumpleaños en su departamento.

21. La primera _____ española se concebió en 1984.

22. Ignacio participó en el _____ de su sobrino el domingo pasado.

23. _____ es una experiencia única, según mi mamá.

24. Elena pintó un cuadro para conmemorar el _____ de su sobrina.

25. Mi hermano ha vuelto al trabajo después de su permiso de _____.

26. Amelia acudió a la _____ de graduación de su hija.

27. Jorge es un _____ valioso de la comunidad.

28. El niño comió con entusiasmo durante su _____.

29. Los _____ bebieron vino durante toda la noche.

30. _____es aquel que logra reunir a las personas en torno a una causa común.

31. El _____ fracasó en su intento de destruir la fortaleza.

32. El suegro de Mario regaló un anillo a su suegra por su _____.

33. La _____ de Mateo lo llevó a perder su trabajo.

34. La tía de Valentina fue al _____ sin saber la dirección.

35. Santiago tiene la _____ de resolver problemas complejos en poco tiempo.

36. En la _____, la madre de Camelia perdió un collar.

Verbos y locuciones 动词和短语

hacer testamento 立遗嘱	relación amistosa (f.) 朋友关系	fiesta de disfraces (f.) 化妆舞会
relación amorosa (f.) 恋爱关系	brindar (tr.) 祝酒；干杯	mostrar respeto 表示尊敬
hacer un brindis 干杯	crecer (tr.) 成长	tener confianza 表示信任
hacer amigos 交友	pelearse (prnl.) 争吵；斗殴	comportarse bien 举止文明
dar un discurso 发表一个演讲	educar (tr.) 教育	muestra de apoyo (f.) 表示支持
heredar (tr.) 继承	comportarse mal 行为不规范	reñir (tr.) 指责
mantener una relación 维持一段关系	de familia humilde 来自贫苦家庭	
de una familia rica 来自富有家庭	relación sentimental (f.) 恋爱关系	
amigo de toda la vida (m.) 挚友	de una familia trabajadora 来自工人家庭	
tener un romance 有一段罗曼史	tratar con alguien 与某人打交道	
conmemorar un aniversario 过周年	ser el centro de la fiesta 成为宴会的中心	
decir unas palabras 发表言论	muestra de comprensión (f.) 表示理解	
hablar bien de alguien 夸奖某人	amigo/a íntimo/a (m.) 密友；闺蜜	
mostrar un comportamiento adecuado 举止端正	ser de vital importancia 十分重要	
comportamiento discriminatorio (m.) 歧视行为		

Verbos y locuciones 动词和短语

1. Claudia y Mateo _____ amorosa.

2. Mateo ha decidido organizar una _____.

3. Santiago ha _____ antes de fallecer.

4. Daniel tiene una _____ con su compañera de trabajo.

5. Cecilia pertenece a una _____, pero está contenta con su vida.

6. Aaron nació en una _____, pero se independizó cuando cumplió 16 años.

7. Ana en enfadó con su pareja porque tuvo una _____ con otra mujer.

8. Eva salvó a su _____ de un accidente de coche.

9. Marco ha luchado toda su vida para superar las dificultades que enfrenta su _____.

10. Diego ha _____ apasionado con una mujer mayor que él.

11. Emilio ha _____ en su carrera profesional.

12. Raúl _____ de su boda haciendo una gran fiesta.

13. Anoche, Hugo se convirtió _____.

14. El gerente de mi empresa va a _____ en nuestra reunión anual.

15. _____ una oportunidad a Susana para que demuestre su valentía.

16. Elvina _____ y de tu trabajo.

17. Debemos _____ hacia los héroes que luchan por nuestra libertad.

18. El niño _____ muy bien durante la cena.

19. Como accionista, _____ en la dirección de la empresa.

20. El científico _____ cuando vio el ladrón.

21. Mi vecino es mi _____, lo conocí en la escuela primaria.

22. Aunque mi marido está lejos, siempre _____.

23. El médico tuvo que _____ al paciente por no seguir las instrucciones.

24. Mi hijo _____ muy rápido y pronto será un hombre.

25. Ignacio _____ por el éxito de todos los empleados.

26. Elena y su amiga _____ por un malentendido.

27. Los nativos son muy amigables y les gusta _____ con los turistas.

28. Los progenitores tienen la responsabilidad de _____ a sus hijos.

29. El redactor jefe _____ inspirador en la conferencia de prensa.

30. Mónica _____ la empresa de su padre cuando falleció.

31. La niña _____ en la fiesta de cumpleaños y rompió un jarrón.

32. Amelia mostró un _____ con los clientes importantes.

33. El lugareño mostró un _____ hacia los turistas extranjeros.

34. A pesar de que Jorge es un experto en la materia, su presencia no es _____ en la reunión.

Tarea 1 (opción 2) Redes sociales

Instrucciones

Las redes sociales permiten el contacto entre personas y funcionan como un medio para comunicarse e intercambiar información. No es necesario que los individuos se conozcan antes de comunicarse a través de una red social, sino que pueden hacerlo a través de ella, y ese es considerado una de las mayores ventajas de las comunidades virtuales. Internet es atractivo para todo el mundo, porque se destaca por la interactividad, la respuesta rápida y las recompensas inmediatas. Su uso es fructífero siempre que no se abandonen las actividades propias de una vida normal. Por ejemplo, estudiar, practicar deporte, ir de compras con los amigos, reunirse con la familia, etc. Sin embargo, muchos internautas se han convertido en personas adictas a las redes sociales, lo que provoca el aislamiento social y afecta a la autoestima de estas personas. Debido a la gravedad de este fenómeno popular, hoy por la noche, alrededor de las ocho y media, varios psicólogos y sociólogos influyentes expresarán su punto de vista sobre este fenómeno en un programa televisivo y nos darán una serie de propuestas que se supone que serán útiles para resolver problemas relacionados con el correcto uso de las redes sociales.

Monólogo 独白部分

Lea las propuestas. Después, durante unos 3 minutos, explique las ventajas y desventajas que cree que tienen. Por favor, hable como mínimo de cuatro de las cinco propuestas. Finalmente, hablará con el entrevistador sobre el tema. Con el fin de preparar su monólogo, tras analizar cada propuesta, debe reflexionar: por qué le resulta una buena propuesta y qué desventajas tiene; si puede generar otros problemas o traer algunas consecuencias; si hace falta destacar algo, etc. 阅读下列建议。之后，在三分钟左右的时间内，您需要解释这些建议中的好处和坏处。请至少分析五条建议中的四条。最后，请与考官交谈关于准备的主题。为了准备好个人独白部分，在分析完每条建议之后，您必须思考为什么您觉得这是一条好的建议或者它有什么坏处，又或者这条建议会导致出现什么问题，什么结果，或者您觉得需要强调某个点。

Primera propuesta

Prohibiría el uso de móviles, tabletas y cualquier invento tecnológico en todos los centros educativos (academias de idiomas, colegios, institutos y universidades).

Segunda propuesta

Ofrecería cursos gratuitos en la página web oficial del Ministerio de Educación para que los internautas aprendieran a usar redes sociales de manera correcta.

Tercera propuesta

Prohibiría a las grandes compañías la difusión de todos sus anuncios pagados y relacionados con las redes sociales.

Cuarta propuesta

Establecería normas y límites para que los adolescentes aprendieran a controlar por sí mismos el tiempo de uso de las redes sociales.

Quinta propuesta

Con el fin de que los niños no lleguen a ser adictos a las redes sociales, será necesario formarlos desde los primeros años escolares.

Conversación 交谈部分

Cuando el candidato termine su monólogo, el entrevistador le hará algunas preguntas sobre el tema durante unos 3 minutos. La duración total de esta prueba es de 7 minutos, más o menos.
当考生结束个人独白部分之后，考官会根据考生所选主题对其进行三分钟的提问。独白和询问问题的部分总共会持续七分钟左右。

Preguntas para el entrevistador 考官问题
（请扫描右侧的二维码）

Extrategias 应答技巧

dar opinión 表观点

1. en mi opinión 根据我的意见
   En mi opinión, Yao Ming es uno de los mejores jugadores de baloncesto del mundo.
   根据我的意见，姚明是世界上最好的篮球手之一。

2. desde mi punto de vista 从我的角度出发
   Desde mi punto de vista, no es posible aprobar este examen sin estudiar.
   从我的角度出发，不学习无法通过这场考试。

3. para mí 依我看来
   Para mí, ir al gimnasio significa ducharse en otro lugar.
   依我看来，去健身就是换一个地方洗澡。

4. a mi parecer 在我看来
   A mi parecer, es necesario cultivar a los niños una buena costumbre alimentaria desde edades tempranas.
   在我看来，需要从小培养孩子良好的饮食习惯。

5. a mi juicio 在我看来
   A mi juicio, deberíamos ser más pacientes con los niños.
   在我看来，对孩子我们应当再有耐心些。

6. me parece que 我认为
   Me parece que no has hecho bien la cama.
   我认为你没铺好床。

7. creo que 我觉得
   Creo que la mayoría de los voluntarios son personas simpáticas.
   我觉得大部分的志愿者都和蔼可亲。

8. imagino que 我猜想；我以为
   Imagino que puede haber hemorragia interior.
   我觉得可能会有内出血。

9. pienso que 我以为；我认为
   Pienso que los padres de hoy en día están demasiado ocupados con sus trabajos.
   我认为现如今的父母都忙于工作。

10. supongo que 我猜测；我料想

Supongo que la señora que se viste un vestido rojo será su madre.

我推测那个穿红色洋装的夫人是她的妈妈。

expresar consecuencia 表结果

1. por esto 因此；为此

Por esto, es muy importante transformar la actitud que tiene la gente de las personas con discapacidad.

因此，重要的是改变一下人们对残障人士的态度。

2. por lo cual 因此；所以

El acceso a algunas páginas web tardaban varios minutos, por lo cual los alumnos se distraían esperando que llegara la información.

进一些网站需要耽搁几分钟的时间，因此学生们边打发时间边等待消息。

3. por (lo) tanto 因此；所以

Estos tornillos son más fuertes y, por lo tanto, duran más.

这些螺丝钉十分坚固，所以能用更久。

4. así que 所以；这样

Así que se puso a estudiar algunos casos relacionados con este crimen.

所以他开始研究一些与这起案件相关的案例。

5. de ahí que 因此；由此

De ahí que sea recomendable que no los niños no pasen demasiado tiempo frente a la televisón.

因此不建议孩子们长时间看电视。

6. de manera que 因此；所以

Esa propuesta ya ha sido rechazada, de manera que no puedes mencionarla en la próxima reunión.

那项提议已经被驳回，所以你不能在下次会议中提到它。

7. de modo que 所以；因此

Es imposible que los niños cambien su costumbre en una semana, de modo que la prohibición de colocar máquinas expendedoras dentro del colegio o instituto es la más realista.

不可能让孩子们在一星期内改变习惯，因此禁止在中小学内摆放自动贩卖机最实际。

8. como resultado de 由于，作为……结果

Como resultado de ello, las grandes compañías de alimentos usan publicidades relacionadas con videojuegos o dibujos animados a fin de llamarles atención a los más pequeños a consumir sus productos.

因此，大型食品商家使用与游戏或动画片相关的广告来吸引孩子们的注意并让其消费自己的产品。

Tarea 2 (opción 2) Un buen partido de fútbol

Instrucciones

Situación: Estas personas están viendo un partido de fútbol, según su expresión, parece que están preocupados por el resultado.

Monólogo 独白部分

Imagine la situación y descríbala durante 2 o 3 minutos. Estos son los aspectos que debe comentar:
想象一下下列场景并在两到三分钟的时间内对照片展开描述，描述时必须包含下列问题：

1. ¿Qué relación cree que hay entre estas personas de la foto? ¿Se conocen? ¿Desde cuándo? ¿Cómo se llevan unos con otros?
2. ¿Qué están haciendo ahora? ¿Se lo están pasando bien?
3. ¿Qué ha pasado antes? ¿Cómo cree que han llegado a esta situación?
4. ¿Qué les pasa a estas personas? ¿Cree que están discutiendo? ¿Qué se dicen? ¿Qué está pensando cada uno?
5. ¿Cómo cree que se sienten ellos? ¿Cree que a ellos les parece bien el partido?
6. ¿Cuánto tiempo llevan viendo ese partido de fútbol? ¿Por qué lo piensa?
7. ¿Cree que están satisfechos con el resultado? ¿Se lo esperaban? ¿Por qué? ¿Lo aceptarán o se quejarán?
8. ¿Qué van a hacer estas personas luego?
   Posteriormente, el entrevistador le hará algunas preguntas.

Conversación 交谈部分

Cuando el candidato termine su monólogo, el entrevistador le hará algunas preguntas sobre el tema durante unos 3 minutos. La duración total de esta prueba es de 7 minutos, más o menos.
当考生结束个人独白部分之后，考官会根据考生所选主题对其进行三分钟的提问。独白和询问问题的部分总共会持续七分钟左右。

Preguntas para el entrevistador 考官问题
（请扫描右侧的二维码）

Tarea 3 (opción 2) Películas o programas de televisión

Este es un cuestionario realizado a la población china para conocer su preferencia entre ver películas o programas televisivos en su tiempo de ocio.

Primera encuesta
第一张调查问卷

¿Cuál es su tipo de película favorita?

1. Película de acción
2. Película de terror
3. Película de ciencia ficción
4. Película de suspenso
5. Película de aventura

¿Cuál es su tipo de programa de televisión favorito?

1. Noticias
2. Series de ficción
3. Concursos de cocina
4. Programas deportivos
5. Documentales
6. Programas musicales
7. Comedia

Segunda encuesta
第二张调查问卷

¿Cuál es su tipo de película favorita?

1. Película de acción 15%
2. Película de terror 8%
3. Película de ciencia ficción 30%
4. Película de suspenso 35%
5. Película de aventura 12%

¿Cuál es su tipo de programa de televisión favorito?

1. Noticias 15%
2. Series de ficción 30%
3. Concursos de cocina 1%
4. Programas deportivos 20%
5. Documentales 2%
6. Programas musicales 22%
7. Comedia 10%

Preguntas para el entrevistador 考官问题
（请扫描右侧的二维码）

Unidad 3 Alimentos, bebidas y utensilios de cocina
第三单元 食物，饮料和厨具

Vocabulario 词汇表

fibra (f.) 纤维	recipiente (m.) 器皿；容器	dorada (f.) 鲷鱼
calcio (m.) 钙	sopera (f.) 汤盆；汤碗	magro (m.) 瘦肉
conservante (m.) 防腐剂	ración (f.) 份	mejillón (m.) 贻贝；海虹
caloría (f.) 热量	tazón (m.) 碗	frambuesa (f.) 覆盆子；树莓
abrebotellas (f.) 开酒器	fuente (f.) 大盘子；沙拉盘	mora (f.) 桑葚；黑莓
vino dulce (m.) 甜点酒	olla a presión (f.) 高压锅	avellana (f.) 榛子
corcho (m.) 橡木塞	frutos secos (m.) 坚果；干果	tomillo (m.) 百里香
barra (f.) 吧台；酒吧	nuez (f.) 核桃	leche condensada (f.) 炼乳
barman (m.) 调酒师	romero (m.) 迷迭香	leche en polvo (f.) 奶粉
lubina (f.) 鲈鱼	pechuga (f.) 禽类的胸脯肉	pan integral (m.) 全麦面包
frutos del bosque (m.) 莓果	abrelatas (m.) 开罐头器	pan de molde (m.) 切片面包
proteína (f.) 蛋白质	colorante (m.) 染色剂	legumbres (m.) 豆类
hierro (m.) 铁	vitamina (f.) 维生素	almendras (f.) 杏仁
cóctel (m.) 鸡尾酒	refresco (m.) 冷饮	albahaca (f.) 罗勒
licor (m.) 高度酒；酒精饮料	vino seco (m.) 干红	orégano (m.) 牛至
agua potable (f.) 可饮用水	agua del grifo (f.) 自来水	queso azul (m.) 蓝纹奶酪
bollería (f.) 甜品；糕点	merengue (m.) 蛋白酥	queso fresco (m.) 鲜奶酪
ensaimada (f.) 鸡蛋卷	harina de trigo (f.) 小麦粉	pan rallado (m.) 面包屑
palmera (f.) 蝴蝶酥	levadura (f.) 酵母	bol (m.) 碗，钵
dulces (m.) 甜品	cuenco (m.) 碗	cazuela (de barro) (f.) 砂锅
caramelo (m.) 糖块	hamburguesería (f.) 汉堡店	almeja (f.) 蛤蜊
salmonete (m.) 羊鱼；鲷鱼	bufé (m.) 自助餐	langostino (m.) 对虾；明虾
arroz con leche (m.) 米布丁；牛奶饭		crema pastelera (f.) 蛋奶冻；奶油馅
fabada (f.) 用香肠腊肉和豆类做的肉汤		macedonia de frutas (f.) 什锦水果；水果沙拉
lenguado (m.) 鳎鱼；比目鱼		sorbete al cava (m.) 香槟雪葩；香槟雪泥
cacharro (m.) 厨房中的器皿；锅		autoservicio (m.) 自助；自助餐
pincho (m.) 用牙签串着吃的小食		sacacorchos (m.) 红酒开酒器
cerveza de barril (f.) 罐装啤酒；生啤酒		ensaladera (f.) 沙拉盘，凉菜盘
alimentos bajo en sal (m.) 低盐食物		restaurante de cuatro tenedores (m.) 四星级餐馆
alimentos bajo en calorías (m.) 低热量食物		

Escuchará cada frase dos veces. Después, completa cada hueco con las palabras correspondientes.
每个句子听两遍。之后，用相应的单词填空。

Sustantivo 名词

1. Mateo consume alimentos ricos en _____ para mantener una dieta saludable.
2. Santiago usa un _____ para abrir una hucha.
3. La carne contiene _____, que es un mineral esencial para la salud ósea.
4. Daniel abusa del _____ en su comida, lo que puede ser perjudicial para su salud.
5. Algunos alimentos contienen _____ para prolongar la fecha de caducidad.
6. La naranja lleva _____, que es importante para el sistema inmunológico.
7. Cecilia quema _____ haciendo deporte todos los días.
8. Aaron suele tomar un _____ para relajarse después de un largo día de trabajo.
9. Ana deja el _____ en la estantería para que los niños no puedan cogerlo.
10. A los ancianos les encanta el _____ de alta calidad.
11. Las chicas jóvenes odian tomar _____.
12. Pido _____ en lugar de agua embotellada para reducir el desperdicio de plástico.
13. La tía de Valentina recicla _____ para hacer manualidades.
14. La madre de Camelia come un delicioso _____ después de la cena.
15. Coleccionar _____ es una afición que mi vecino practica con gran entusiasmo.
16. Mi abuela odia comer _____ porque le trae un mal recuerdo de su infancia.
17. A Mateo le encanta _____, sobre todo en verano.
18. Santiago sabe asar el _____ a la perfección, siempre queda jugoso y sabroso.
19. Cecilia y yo nos encontramos en la _____ de un bar nocturno por coincidencia.
20. A Aaron le encanta pescar _____ cuando está de vacaciones.
21. Alejandro trabaja como _____ en un bar que está cerca de su casa.
22. A Eva le gusta la carne _____ más que cualquier otra cosa.
23. Marco destripó una _____ con un cuchillo afilado.
24. Emilio siempre ha comido dos kilos de _____ y ahora le duele la tripa.
25. Diego encontró por casualidad una gran cantidad de _____.

26. A los niños les da alergia a la _____, por lo que deben evitarla.
27. Raúl necesita ingerir _____ después de ir al gimnasio.
28. Hugo consume _____ todos los días porque son ricas en antioxidantes.
29. Aliñar el pollo con _____ es una técnica culinaria que Emilio domina a la perfección.
30. Diego se acostumbró a comer _____ en el desayuno todos los días.
31. Diego asó una deliciosa _____ de pollo en la parrilla la semana pasada.
32. Los niños se sorprendieron al ver cómo la _____ hacía crecer la masa del pan.
33. Marco tiró un bote de _____ a un cubo de basura.
34. Eva preparó un delicioso _____ para la cena de Navidad.
35. Ana trituró una variedad de frutas para hacer una deliciosa _____.
36. Aaron preparó un _____ de carne de pato.
37. Cecilia buscó por toda la casa una _____ adecuada para servir la ensalada.
38. El _____ de sopa se cayó y se rompió en mil pedazos.
39. Santiago usó una _____ para hacer palomitas.
40. Mateo fregó el _____ con esmero hasta que quedó reluciente.

41. La tía de Valentina limpió la _____ según las instrucciones de su marido.

42. El suegro de Mario rompió un _____ de madera por descuido.

43. Marco utiliza _____ de alta calidad para preparar sus exquisitos platos.

44. El padre de Lucas cerró la _____ a las ocho debido a la falta de clientes.

45. El primo de Salvador invirtió una gran cantidad de dinero en el _____, pero no tuvo éxito.

46. La prima de Mario montó un _____ para la fiesta de cumpleaños de su sobrino.

47. Lucas repartió una _____ de comida a cada uno de sus alumnos.

48. Camelia compró una _____ cuando estaba de oferta.

49. Jorge calentó un _____ de sopa durante un minuto.

50. Amelia metió un trozo de carne en una _____.

51. Mónica abrió un _____ en el centro de la ciudad.

52. Elena consume _____ debido a su presión arterial alta.

53. Ignacio selecciona _____ para mantener su peso saludable.

Verbos y locuciones 动词和短语

carne a la brasa (f.) 炭烤；烤肉	exprimir un limón 榨柠檬汁	rallar queso 刨芝士
carne asada (f.) 烤肉	carne guisada (f.) 炖肉	calentar una salsa 加热酱汁
picar carne 绞成肉末	cocer al vapor 用蒸汽蒸煮	calentar agua 烧水
bacalao al pilpil (m.) 酱汁鳕鱼	cortar en trozos 切成块	dorar la cebolla 炒洋葱
preparar/servir una comida 备餐		cocer a fuego lento 用水浴煮
cocinar un plato/un alimento 做菜		cocer al baño María 用水扑方式蒸煮
cortar en dados gruesos 切成大块		rebozar una pechuga 给胸脯肉挂糊
trocear una manzana 捣碎一个苹果；切苹果		cortar en dados finos 切成小块
empanar una pechuga 给胸脯肉滚面包屑		

Verbos y locuciones 动词和短语

1. Mateo puso _____ y la sirvió con una guarnición de verduras frescas.

2. Santiago tiró un trozo de _____ porque estaba mala.

3. Daniel _____ exquisita para sus invitados, que incluía varios platos y postres.

4. Cecilia preparó una deliciosa _____ con patatas y zanahorias.

5. Aaron _____ sofisticado de mariscos con una salsa de ajo y limón.

6. Ana _____ de tomate casera para su hijo.

7. Eva _____ fresco sobre una ensalada de aguacate y gambas.

8. Marco _____ en pequeños trozos para hacer una deliciosa empanada de carne.

9. Diego _____ obre su pasta.

10. Emilio _____ un guiso de cordero con patatas y zanahorias.

11. Raúl _____ en cubos pequeños.

12. Hugo _____ un pastel de queso con una base de galletas y frutas del bosque.

13. Susana prefiere _____ en lugar de cocinarlos en agua hirviendo.

14. Ignacio siempre _____ antes de agregarla a sus guisos.

15. Elena prefiere _____ en la estufa en lugar de usar el microondas.

16. Mónica _____ de pollo antes de freírla.

17. Amelia desconoce cómo hacer _____, ya que es un plato típico del País Vasco.

18. Jorge _____ sus ingredientes para que se mezclen mejor en sus platos.

19. Camelia _____ dos zanahorias grandes _____.

20. Lucas piensa _____ una lubina _____.

21. La prima de Mario se olvidó _____ de pollo.

Adjetivos 形容词

congelado/a (*adj.*) 冷冻的	dietético (*adj.*) 低糖的	sabroso/a (*adj.*) 味道好的
orgánico/a (*adj.*) 有机的	incomestible (*adj.*) 不可食的	delicioso/a (*adj.*) 美味的
tapear (*tr.*) 吃下酒菜	comer a la carta 点菜	estar caducado/a 过期的
ayunar (*tr.*) 节食	pudrirse (*prnl.*) 腐烂	tener apetito 有胃口
comer excesivamente 暴食	quitar la sed 解渴	tragar (*tr.*) 吞咽
emborracharse (*prnl.*) 酒醉	ponerse malo 身体不适	masticar (*tr.*) 咀嚼
digerir (*tr.*) 消化	chupar (*tr.*) 吸吮	mamar (*tr.*) 喂奶
estar en buenas condiciones 条件优越		servir una mesa 服务一桌客人
comer moderadamente 适度饮食		retirar el primer plato 收走头盘菜
exquisito/a (*adj.*) 味美的，可口的		disfrutar (de) una comida 享受美食
montar un restaurante 开一家餐馆		sentarse a la mesa 围着桌子坐
beber con moderación 适度饮酒		estar en malas condiciones 条件恶劣
devorar (*tr.*) 狼吞虎咽		

Adjetivos 形容词

1. La tía de Valentina consumió un lenguado _____ y se sintió mal después.

2. El suegro de Mario cocinó un plato _____ para la cena de Navidad.

3. Compré alimentos _____ en un mercado local.

4. Mateo preparó una paella _____ gracias a una receta de su madre.

5. Santiago consume alimentos _____ porque está enfermo.

6. La langosta asada es _____ y al mismo tiempo, un plato caro.

7. Daniel descubrió que el plato estaba _____ debido a la mala calidad de los ingredientes.

8. Los turistas disfrutan _____ en los bares y restaurantes de España.

9. Cecilia prefiere _____ en lugar de elegir un menú fijo en el restaurante.

10. Aaron _____ con su familia y se pone a hablar.

11. Ana montó _____ de comida mexicana en el centro de la ciudad.

12. La camarera _____ con una sonrisa amable.

13. La conserva _____ y no era segura para el consumo humano.

14. Eva _____ porque estaba demasiado salado.

15. Los musulmanes _____ durante el mes sagrado del Ramadán.

16. La tía de Valentina _____ de salud.

17. El padre de Lucas _____ para evitar problemas de salud.

18. Las naranjas _____ rápidamente si no se almacenan adecuadamente.
19. El suegro de Mario _____ fácilmente los alimentos gracias a su sistema digestivo saludable.
20. Los clientes _____ en un restaurante de cuadro tenedores.
21. A pesar de _____, Lucas decidió comer un helado.
22. Esta chica joven _____ un cono mientras caminaba por la calle.
23. Camelia _____ en la cena y ahora se siente muy incómoda.
24. Victoria _____ a su bebé cuando alguien le llamó por teléfono.
25. La coca-cola es una bebida refrescante que _____ en días calurosos.
26. Los españoles tienen fama de _____ en las fiestas.
27. Jorge _____ la pastilla sin agua y se atragantó.
28. Amelia _____ después de comer algo caducado.
29. La prima de Mario _____ deliciosa que hizo su madre.
30. Aquel chico alto _____ una pizza entera en cuestión de minutos.
31. Mateo decidió _____ para no emborracharse.

Tarea 1 (opción 3) Dieta equilibrada y estilo de vida

Instrucciones

Casi todo el mundo sabe que una alimentación sana y equilibrada favorece a nuestra salud. Sin embargo, aún a sabiendas de ello, muchas personas no le dan importancia a lo que comen cada día. Según mis abuelos, hay que comer frutas y verduras a diario. Además, es necesario consumir carnes y pescados cada dos o tres días. En cuanto a los dulces, de vez en cuando. En términos actuales, cada persona requiere de una dieta completa que le aporte los nutrientes esenciales para cumplir correctamente sus funciones vitales en cada etapa de su vida. Pero, a la hora de la verdad, no seguimos estas pautas de alimentación correctas. Hoy en día, las autoridades sanitarias, entre ellas la OMS, han declarado la obesidad como la nueva epidemia de nuestro siglo. Por eso, hoy hemos invitado a nuestra tertulia radiofónica un grupo de nutricionistas y profesionales altamente cualificados de este ámbito para darnos unas pautas a fin de mejorar nuestros hábitos alimentarios, así como ofrecernos algunas propuestas para que podamos seguir a una dieta saludable. （Fuente: Prosalude.）

Monólogo 独白部分

Lea las propuestas. Después, durante unos 3 minutos, explique las ventajas y desventajas que cree que tienen. Por favor, hable como mínimo de cuatro de las cinco propuestas. Finalmente, hablará con el entrevistador sobre el tema. Con el fin de preparar su monólogo, tras analizar cada propuesta, debe reflexionar: por qué le resulta una buena propuesta y qué desventajas tiene; si puede generar otros problemas o traer algunas consecuencias; si hace falta destacar algo, etc. 阅读下列建议。之后，在三分钟左右的时间内，您需要解释这些建议中的好处和坏处。请至少分析五条建议中的四条。最后，请与考官交谈关于准备的主题。为了准备好个人独白部分，在分析完每条建议之后，您必须思考为什么您觉得这是一条好的建议或者它有什么坏处，又或者这条建议会导致出现什么问题，什么结果，或者您觉得需要强调某个点。

Primera propuesta
Con el objeto de establecer una dieta equilibrada sería conveniente combinar todos los alimentos.

Segunda propuesta

Una buena nutrición influirá en el desarrollo físico, así como en la capacidad de las funciones cerebrales. Por lo tanto, hay que prestar atención a la alimentación de las madres durante el embarazo.

Tercera propuesta

Dedicar tiempo a una educación nutricional sólida y vigilar lo que consumen los niños cada día sería una parte imprescindible para facilitar la creación de una buena costumbre alimentaria.

Cuarta propuesta

Yo incluiría la cocina como actividad de ocio, lo cual sería una lección fantástica para los más pequeños.

Quinta propuesta

Yo haría que los padres recurrieran a recursos digitales para educar a sus hijos sobre los beneficios de seguir a una dieta sana.

Conversación 交谈部分

Cuando el candidato termine su monólogo, el entrevistador le hará algunas preguntas sobre el tema durante unos 3 minutos. La duración total de esta prueba es de 7 minutos, más o menos.
当考生结束个人独白部分之后，考官会根据考生所选主题对其进行三分钟的提问。独白和询问问题的部分总共会持续七分钟左右。

Preguntas para el entrevistador 考官问题
（请扫描右侧的二维码）

Extrategias 应答技巧

expresar énfasis 表强调

1. definitivamente 总之；说到底
   Definitivamente, la discriminación hacia las personas obesas es un fenómeno que existe en todo el mundo.
   总之，歧视肥胖人群的现象全世界都存在。

2. hay que subrayar que 应当强调的是……
   Hay que subrayar que las personas obesas son perseguidas y se les exige demostrar un buen estado de salud para no ser discriminadas.
   应当值得强调的是，肥胖人群经常被声讨，并且人们要求他们只有展现出自己健康的状态，才不会被歧视。

3. en efecto 的确；实际上
   En efecto, estas personas sufren una presión infernal.
   实际上，这些人饱经压力的折磨。

4. en particular 特别；尤其

La reforma educativa afectará a mucha gente, en particular a los niños.

教育改革将会影响很多人，特别是孩子们。

5. en realidad 实际上

En realidad, es posible que el paciente vuelva a consumir alimentos en abundancia si deja de hacer deporte.

实际上，如果停止运动，那么病人有可能重新开始吃很多食物。

6. indiscutiblemente 无可争辩的；勿需置疑的

Indiscutiblemente, su propósito es concienciar a los alumnos sobre el uso razonable de las herramientas digitales y disfrutar del entorno escolar.

勿需置疑的是，他的目的是想让学生们有合理使用电子工具的意识并且可以享受学校的氛围。

7. precisamente 正是如此

El panuelo que me regaló mi abuela era precisamente el que quería comprar.

我奶奶送我的手帕正是我想买的那条。

expresar secuencia 表顺序

1. a continuación 接着；……之后

A continuación, cierra el grifo y laváte la cara.

接下来，你把水龙头关上，然后洗洗脸。

2. después 之后

Después, le voy a hacer algunas preguntas relacionadas con su examen.

之后，我会问您几个关于考试的问题。

3. en primer lugar 首先

En primer lugar, los padres tienen la responsabilidad de que los más pequeños tengan una buena costumbre alimentaria.

首先，父母应该肩负起让孩子们养成良好饮食习惯的责任。

4. en segundo lugar 再次

En segundo lugar, es aconsejable que ellos presten atención al tamaño de las raciones, así como usar platos más pequeños.

再次，建议父母们关注食物的份量并且使用小一些的盘子。

5. en último lugar 最后

En último lugar, los motivos por los que los niños no comen verduras son más complicados que el simple hecho de que no les gusten los alimentos verdes.

最后，孩子们不吃蔬菜不单单是他们不喜欢绿色的食物，其原因与之相比更加复杂。

6. finalmente 最后

Finalmente, la industria de las comidas rápidas invierte mucho dinero para comercializar productos con alto contenido de azúcar, grasa y sal, sin preocuparse por las necesidades energéticas de un niño.

最后，快餐产业投入大量资金来经营富含糖分、脂肪和盐的产品，对孩子的能量需求毫不关心。

Tarea 2 (opción 3) Acoso escolar

Instrucciones

Situación: Algunos alumnos están molestando a una niña o están criticando su comportamiento, parece que la niña de la foto no está contenta.

Monólogo 独白部分

Imagine la situación y descríbala durante 2 o 3 minutos. Estos son los aspectos que debe comentar:
想象一下下列场景并在两到三分钟的时间内对照片展开描述，描述时必须包含下列问题：

1. ¿Cuál es la relación entre estas personas de la foto? ¿Dónde están y qué están haciendo?
2. ¿Cómo se llevan unos con otros? ¿qué les pasa? ¿Están discutiendo? ¿Qué se dicen unos a otros y qué está pensando cada uno?
3. ¿Qué ha pasado antes? ¿Por qué han llegado a esta situación?
4. ¿Cómo se siente la niña? ¿A ella le pasa esta situación a menudo o es una coincidencia?
5. ¿Cree que son buenos alumnos? ¿Por qué lo piensa?
6. ¿Cree que la niña buscará ayuda a su maestro o se lo dirá a sus padres?
7. ¿Están en una escuela pública o privada?
8. ¿Qué va a pasar finalmente? ¿Se van a reconciliar? ¿Cómo va a reaccionar cada uno?

Conversación 交谈部分

Cuando el candidato termine su monólogo, el entrevistador le hará algunas preguntas sobre el tema durante unos 3 minutos. La duración total de esta prueba es de 7 minutos, más o menos.
当考生结束个人独白部分之后，考官会根据考生所选主题对其进行三分钟的提问。独白和询问问题的部分总共会持续七分钟左右。

Preguntas para el entrevistador 考官问题
（请扫描右侧的二维码）

Tarea 3 (opción 3) Servicio sanitario en hospitales públicos

Este es un cuestionario realizado por el Ministerio de Sanidad a la población china para conocer su opinión sobre los servicios sanitarios, así como sus principales motivos por los que acude a los hospitales.

Primera encuesta 第一张调查问卷

En el transcurso de su estadía en hospitales públicos, ¿está usted satisfecho/a con la atención que recibe?

1. Muy satisfecho
2. Insatisfecho
3. Satisfecho
4. Muy insatisfecho
5. Ni satisfecho ni insatisfecho

¿Cuáles son los principales motivos por los que acude al hospital?

1. Hacer análisis de sangre o de orina
2. Preguntar qué enfermedad tiene
3. Pedir recetas al médico
4. Hacer ejercicios fisioterápicos
5. Después de padecer una enfermedad repentina
6. Por accidentes de coche

Segunda encuesta 第二张调查问卷

En el transcurso de su estadía en hospitales públicos, ¿está usted satisfecho/a con la atención que recibe?

1. Muy satisfecho 15%
2. Insatisfecho 12%
3. Satisfecho 45%
4. Muy insatisfecho 8%
5. Ni satisfecho ni insatisfecho 20%

¿Cuáles son los principales motivos por los que acude al hospital?

1. Hacer análisis de sangre o de orina 10%
2. Preguntar qué enfermedad tiene 25%
3. Pedir recetas al médico 30%
4. Hacer ejercicios fisioterápicos 6%
5. Después de padecer una enfermedad repentina 21%
6. Por accidentes de coche 8%

Preguntas para el entrevistador 考官问题

（请扫描右侧的二维码）

Unidad 4 Educación y formación
第四单元 教育与培训

Vocabulario 词汇表

diapositiva (*f.*) 幻灯片	alumnado (*m.*) 全体学生	rector/a (*m.f.*) 校长
grapa (*f.*) 订书机签	cartulina (*f.*) 卡片纸；板纸	jefe de estudios (*m.f.*) 教学主任
transparencia (*f.*) 透明片	catedrático/a (*m.f.*) 教授	universitario/a (*m.f.*) 大学生
grapadora (*f.*) 订书机	celo (*m.*) 胶带纸	profesorado (*m.*) 教师团队
clip (*m.*) 夹子	tutor/a (*m.f.*) 导师	borrador (*m.*) 板擦
maestro (*m.*) 教师	rotulador (*m.*) 油性笔；马克笔	cartucho de tinta (*m.*) 墨盒
retroproyector (*m.*) 投影仪	escuela superior (*f.*) 高校	asignatura pendiente (*f.*) 挂科
asignatura optativa (*f.*) 选修课	colegio laico (*m.*) 普通小学	
asignatura obligatoria (*f.*) 必修课	asociación de antiguos alumnos (*f.*) 校友会	
educación primaria (*f.*) 初等教育	formación continua (*f.*) 继续教育	
educación secundaria (*f.*) 中等教育	curso presencial (*m.*) 面授课；线下课	
educación superior (*f.*) 高等教育	curso virtual/a distancia (*m.*) 远程课程	
educación pública (*f.*) 公立教育	curso intensivo (*m.*) 高强度课程	
educación privada (*f.*) 私立教育	curso de perfeccionamiento (*m.*) 提高课程	
seminario (*m.*) 大学研究班；研讨会	conferenciante (*m.*) 报告人；演讲者	
congreso (*m.*) 国会；专业会议	colegio religioso (*m.*) 宗教小学	
colegio bilingüe (*m.*) 双语学校	delegado/a de curso (*m.f.*) 班长	
asociación de profesores (*f.*) 教师协会		

Escuchará cada frase dos veces. Después, completa cada hueco con las palabras correspondientes.
每个句子听两遍。之后，用相应的单词填空。

Sustantivo 名词

1. Mateo impartió clases a distancia con la ayuda de una _____.
2. Santiago convocó al _____ una reunión urgente sobre el cambio de horario.
3. Se saltó una _____ cuando Daniel intentaba abrir la carpeta.
4. Cecilia se sintió molesta por la decisión del _____.
5. Aaron cortó la _____ en forma de corazón.
6. Ana despidió al _____ por un delito que cometió.
7. Eva colocó una _____ de color en el proyector para mostrar las estadísticas.

8. Marco contrató a un _____ de unos 60 años.

9. Diego tiró dos _____ al suelo porque se asustó.

10. Emilio se convirtió en un profesor _____.

11. Raúl estaba pegando _____ en la pared cuando se cayó por una escalera.

12. Esta universidad cuenta con un _____ responsable.

13. Susana perdió el _____ que sujetaba sus papeles y tuvo que buscar otro.

14. Ignacio tiene un _____ que le ayuda a prepararse para los exámenes finales.

15. Elena compró un _____ para corregir los errores.

16. Mónica visitó al _____ para preguntar por el progreso de su hijo.

17. Amelia se cayó mientras usaba el _____.

18. Jorge suspendió una _____ y tendrá que repetirla el próximo semestre.

19. Camelia regaló un _____ a su profesor de historia.

20. Lucas suspendió una _____ la semana pasada.

21. El _____ se rompió mientras la prima de Mario imprimía su tesis doctoral.

22. El primo de Salvador eligió una _____ según el plan de estudios.

23. Selina se hospitalizó durante su _____.

24. El padre de Lucas se matriculó en un curso de _____ hace dos días.

25. La madre de Camelia terminó la _____ a los 40 años.

26. El suegro de Mario recibió un certificado de asistencia por haber completado un _____ de marketing digital.

27. Mateo decidió inscribirse en _____.

28. Santiago está estudiando un _____ debido a la pandemia.

29. Daniel decidió invertir todo para mejorar la _____.

30. Cecilia recibió un _____ antes de ir al extranjero.

31. La enseñanza de la _____ de nuestro país ha mejorado mucho.

32. Ana compró un _____ el verano pasado.

33. Eva asistió a un _____ con su novio.

34. Marco llegó como _____ a un evento académico.

35. Diego decidió participar en un _____ importante.

36. Emilio recomendó un _____ a su sobrino.

37. El hermano de Felisa da clases en un _____.

38. La tía de Valentina seleccionó a un _____.

39. El suegro de Mario da clases en una _____.

40. Camelia va a un _____ porque está cerca de su casa.

41. El suegro de Mario organizó una _____ gracias a sus colegas.

42. La tía de Valentina entró en silla de ruedas en una _____.

Verbos y locuciones 动词和短语

obtener créditos 获得学分	sacar conclusiones 做出结论	educarse (*prnl.*) 教育
conceder una beca 授予奖学金	recibir/tomar clases 学生上课	didáctico/a (*adj.*) 教学的
nota media (*f.*) 平均分	reflexionar (*tr.*) 思索	educativo/a (*adj.*) 教育的
deducir (*tr.*) 推测；推论	examen anual (*m.*) 年末会考	memorizar (*tr.*) 记忆；死记硬背

alumno/a brillante (*m.f.*) 精英学生	solicitar una plaza 申请一个席位
conseguir/obtener una beca 获得奖学金	disfrutar de una beca 享受奖学金
recibir educación universitaria 接受大学教育	tener un buen expediente 学历
evaluación parcial/final (*f.*) 部分测验；期末评估	alumno/a conflictivo/a (*m.f.*) 问题学生
quedarse en blanco 大脑一片空白	

Verbos y locuciones 动词和短语

1. Poco a poco, Juan llegó a ser un _____ en su escuela.
2. Elena _____ y se inscribió en un programa de intercambio.
3. El rector _____ a estudiantes talentosos.
4. Jorge _____ que le permitió estudiar en el extranjero.
5. La prima de Mario _____ sin ningún esfuerzo.
6. Lucas logró _____ para estudiar en una prestigiosa universidad.
7. Ayudar a un _____ requiere paciencia y habilidades de comunicación efectiva.
8. Santiago _____ de un tema complicado.
9. Daniel _____ durante su examen oral.
10. Cecilia _____ de un profesor talentoso y aprobó un examen de francés.
11. Aaron _____ sobre su vida y sus metas futuras de vez en cuando.
12. Ana _____ en una escuela de élite que le brindó una educación de alta calidad.
13. Eva aprobó el _____ con excelentes resultados.
14. Marco mejoró su enfoque _____.
15. Diego reformó el sistema _____ el año pasado.
16. La _____ es suficiente para que uno se gradúe sin problema.
17. Raúl fracasó en la _____ debido a la falta de preparación.
18. Hugo _____ una solución correcta al ver algunas fórmulas.
19. Susana _____ un párrafo completo de un libro importante.
20. Ignacio no logró recibir _____.

analizar un tema 分析一个主题	graduación escolar (*m.*) 小毕业	pedir revisión 申请复议
doctorarse (*prnl.*) 取得博士学位	estar castigado/a 受到惩罚	titularse (*prnl.*) 学士毕业
examinarse (*prnl.*) 考试	hacer una tabla 制作表格	licenciarse (*prnl.*) 获得执业学位
sacar buenas notas 取得好成绩	seguir una regla 遵循规则	hacer un comentario 做评论
consultar un libro 查阅书籍	hacer una síntesis 做总结	pasar lista 点名
discutir un tema 讨论一个主题	ponerse de pie 站立	hacer un cuadro 制作图表
resolver una duda 解惑	hacer una presentación 做展示	plantear una duda 提出疑问
salir al recreo 课间活动	hacer un experimento 做实验	

tener una asignatura pendiente 有一门成绩挂科	consultar una enciclopedia 请教百科全书
formación profesional (*f.*) 职业培训学校	someterse a una prueba (de nivel) 做等级测试
trabajar en la tesis (doctoral) 撰写博士论文	presentarse a un examen 参加考试
tener una licenciatura 拥有学士（执业）学位	tener una diplomatura 拥有文凭；拥有大专文凭

tener un doctorado 拥有博士学位	abandonar los estudios 放弃读书
continuar los estudios 继续研究	completar los estudios 完成研究
ser doctor en 在某专业获得博士学位	ser licenciado/a en 在某专业获得执业学位
aplicar una fórmula 采用一个公式	consultar internet 在互联网上查询资料
presentar un proyecto 展示一项计划	

1. Ignacio analizó exhaustivamente un tema que le dio su profesor.
2. Elena se siente orgullosa de su _____.
3. Al principio Mónica estudió mucho pero luego abandonó la _____.
4. Amelia _____.
5. Jorge está _____.
6. Camelia _____ muy difícil y logró superarlo con éxito.
7. Lucas _____ en Ingeniería Mecánica.
8. La prima de Mario _____ en Educación Infantil.
9. El primo de Salvador _____ en Física Teórica.
10. El padre de Lucas _____ cuando tenía 7 años.
11. La madre de Camelia _____ mientras criaba a sus hijos.
12. El suegro de Mario _____ universitarios a una edad avanzada.
13. Mateo _____ de su examen.
14. Santiago _____ en Medicina después de muchos años de estudio.
15. Cecilia _____ en Derecho y ahora trabaja en un bufete de abogados.
16. Aaron _____ y obtuvo una calificación sobresaliente.
17. Ana _____ en Psicología y ahora trabaja como terapeuta.
18. Eva siempre _____ en todos los exámenes.
19. Marco _____ Filosofía y ha publicado varios libros sobre el tema.
20. Diego es _____ Literatura Inglesa.

21. Emilio _____ para resolver el problema planteado por Susana.
22. Raúl consiguió _____ de su alumna.
23. Hugo y Claudia _____ durante una hora.
24. Susana _____, hizo un experimento y publicó un comentario sobre los resultados obtenidos.
25. Ignacio _____ a distancia.
26. Elena _____ algunos problemas en _____ .
27. Jorge _____ innovador en una reunión de negocios.
28. Camelia _____ exhaustiva del libro de historia.
29. Lucas _____ razonable sobre un experimento científico.
30. La prima de Mario _____ para saludar al profesor.
31. El primo de Salvador _____ con sus compañeros.
32. Selina _____ por llegar tarde a la clase de francés.
33. El padre de Lucas _____ a los estudiantes en la clase.
34. Mateo _____ detallada para analizar los datos del experimento.
35. La madre de Camelia _____ impresionante de la naturaleza.
36. Santiago _____ estricta.
37. La tía de Valentina _____ en su carrera universitaria.

Tarea 1 (opción 4) Educación a distancia o presencial

Instrucciones

Situación: Hace cinco años la educación a distancia era la oveja negra de la enseñanza superior y era menos reconocida que la educación presencial. Hoy en día, el aprendizaje online se ha convertido en la opción preferida de millones de personas por su flexibilidad, por eliminar las barreras geográficas y por dar acceso a una oferta educativa más variada. La educación a distancia continúa ganándole terreno a la presencial y la mayoría los estudiantes han probado este tipo de enseñanza. Además, casi el 80% de los jóvenes del mundo tienen en su currículum algún curso online, según revela una encuesta publicada por el Foro Económico Mundial y la tendencia no hará sino aumentar. En momentos en que los países enfrentan una segunda o tercera ola de pandemia causada por la COVID-19 con persistentes altos índices de contagios y decesos, ya nadie espera que los centros educativos recuperen su dinámica tradicional. Miles de instituciones educativas han tenido que crear sistemas de formación virtual a toda velocidad. Entre ambas formas de enseñanza, ¿cuál es la educación del futuro? La respuesta depende de a quién se lo preguntamos. Por lo tanto, hemos invitado a cuatro educadores más influyentes de China que compartirán con nosotros sus opiniones y hablarán de ambas formas de enseñanza desde el punto de vista profesional.

Monólogo 独白部分

Lea las propuestas. Después, durante unos 3 minutos, explique las ventajas y desventajas que cree que tienen. Por favor, hable como mínimo de cuatro de las cinco propuestas. Finalmente, hablará con el entrevistador sobre el tema. Con el fin de preparar su monólogo, tras analizar cada propuesta, debe reflexionar: por qué le resulta una buena propuesta y qué desventajas tiene; si puede generar otros problemas o traer algunas consecuencias; si hace falta destacar algo, etc. 阅读下列建议。之后，在三分钟左右的时间内，您需要解释这些建议中的好处和坏处。请至少分析五条建议中的四条。最后，请与考官交谈关于准备的主题。为了准备好个人独白部分，在分析完每条建议之后，您必须思考为什么您觉得这是一条好的建议或者它有什么坏处，又或者这条建议会导致出现什么问题，什么结果，或者您觉得需要强调某个点。

Primera propuesta
Diría que la formación online y la presencial son dos formas de adquirir conocimientos y cada una ha de utilizar su propio método y establecer sus propios canales y pautas de aprendizaje.

Segunda propuesta
Una de las diferencias más notarias entre la educación presencial y online es la flexibilidad. Yo diría que la educación a distancia predomina en un mundo en que las frecuentes medidas de confinamiento y suspensión de actividades de servicios son pan nuestro de cada día, por eso, hay que difundir este método innovador entre toda la población.

Tercera propuesta
En momentos en que las economías comienzan a mostrar signos de agotamiento y difícil recuperación en lo inmediato, creo que la educación a distancia es mucho menos costosa en comparación con la presencial.

Cuarta propuesta
La personalización que nos ofrece la educación es una experiencia única e insustituible, por lo tanto, las

autoridades de cada país han de perfeccionarla pidiendo consejos a los profesores veteranos.

Quinta propuesta

Casi la mitad de los estudiantes han fracasado en las clases online debido a que no han podido concentrarse delante de una pantalla. Por eso, la escuela debería proporcionar recordatorios u otro tipo de apoyos a los estudiantes que tengan dificultades para organizarse o mantenerse organizados.

Preguntas para el entrevistador 考官问题

（请扫描右侧的二维码）

Extrategias 应答技巧

expresar oposición 表反对

1. pero 但是

Los jóvenes saben que comer en casa es más sano, pero no tienen tiempo para cocinar en casa.
年轻人们知道在家里吃饭更健康，但是他们没有时间在家里做饭。

2. por el contrario 相反地

Por el contrario, estas armas ponen en peligro la paz y la estabilidad.
相反地，这些武器给和平和稳定带来了危险。

3. sin embargo 然而

Sin embargo, soy pesimista y creo que se trata de una nueva epidemia que afecta la salud de todo el mundo.
然而，我是一个悲观主义者，我觉得这可能是影响全球健康的大型传染病。

4. no obstante 不过；尽管如此

No obstante, los jóvenes prefieren consumir alimentos que contienen alta cantidad de grasa.
不过，年轻人们更喜欢吃热量高的食物。

5. al contrario de 与……相反

Al contrario de lo que piensa la gente, nadie es capaz de soportar las duras críticas ajenas.
跟人们想的恰恰相反，谁都无法接受外界的严厉批评。

6. en cambio 相反；却

En cambio, la mayoría de las personas esbeltas son optimistas y tienen más confianza en sí mismas.
相反，大部分苗条的人都是乐观主义者，并且他们对自己很有信心。

7. desde otro punto de vista 从另一个角度出发

Pero si se mira desde otro punto de vista, una persona con problemas de peso sufre con frecuencia cambios en la respiración y en su manera de dormir. 但是如果从另一个角度出发，一个有超重问题的人要经常忍受呼吸不顺畅和睡眠紊乱。

8. en contraste con 与……对比

En contraste con otros países, para afrontar y detener el aumento de las tasas de obesidad, China ha promovido políticas que permitan a las personas mejorar la alimentación, la actividad física y la salud en casi todas las ciudades.

与其他国家相比，为了对抗和阻止肥胖率增加，中国推行了一些政策来优化各大城市中民众的饮食、运动与健康问题。

7. con todo 尽管如此

Con todo, yo no aconsejaría a las personas obesas a consumir demasiadas frutas.

尽管如此，我不建议肥胖者吃太多的水果。

8. en contraste con lo anterior 与之前比较

En contraste con lo anterior, esta vez el Gobierno presta más atención a la regulación de la comercialización y etiquetado de alimentos para que toda la población china tenga una salud de hierro.

与之前比较，为了让中国民众有健康的体魄，这一次政府在贸易调控和食品标签方面予以更多关注。

9. antes bien 相反地

Antes bien, se encontrará mejor si consume legumbres, cereales integrales y frutos secos.

相反地，如果他吃豆类，粗粮麦片和坚果，他会感觉更好。

ejemplificar 表举例说明

1. por ejemplo 举例来说

Por ejemplo, si uno quiere adelgazarse, es mejor limitar la ingesta de alimentos que contienen mucha grasa y azúcar。

举例来说，如果一个人要减肥，最好控制自己对含有脂肪和糖分食物的摄入。

2. por citar un ejemplo 举个例子

Por citar un ejemplo, realizar periódicamente actividades deportivas es una buena costumbre.

举个例子，定期运动是良好的习惯。

3. concretamente 具体来说

Concretamente, nadie es capaz hacer deporte seis horas al día.

具体来说，谁也不能每天运动六小时。

4. en concreto 具体地，确切地；

No tengo nada en concreto que decir sobre este examen.

关于这次考试，我没有具体要说的。

5. en particular 尤其是

Escribirá sus poemas favoritos, en particular cuando esté enamorado.

他定会写最喜欢的诗，尤其是他恋爱的时候。

6. pongamos por caso 比如说

Pongamos por caso, trabajo casi 8 horas diarias y al salir del trabajo, ya no me apetece ir al gimnacio.

比如说我，每天工作八小时，在下班的那一刻，我已经不想去健身了。

7. en especial 尤其；特别

Ceno muy tarde, en especial los fines de semana.

我晚餐吃得很晚，特别是周末的时候。

8. sin ir más lejos 远的不说

El mes pasado, sin ir más lejos, compré dos pantalones de vaquero.

远的不说，就在上个月我就买了两条裤子。

9. verbigracia 举例来说

El uso incorrecto de este tipo de lejía hace daño, verbigracia, a nuestras manos.

举例来说，不正确使用此类漂白水会对我们的手造成伤害。

10. tales como 就比如说

Por eso, creo que las causas de la gordura son muy complejas, tales como comer con mucha rapidez o comer muy tarde.

所以，我觉得肥胖的原因非常复杂，就比如说吃得快和用餐晚。

11. el siguiente ejemplo sirve para 下个例子用于

El siguiente ejemplo sirve para darte una lección.

接下来的例子用来给你上一课。

Tarea 2 (opción 4) Envejecimiento con calidad

Instrucciones

Situación: Algunas personas se reúnen en un lugar grande y luminoso, parece que están contentas.

Monólogo 独白部分

Imagine la situación y descríbala durante 2 o 3 minutos. Estos son los aspectos que debe comentar:

想象一下下列场景并在两到三分钟的时间内对照片展开描述，描述时必须包含下列问题：

1. ¿Cuál es la relación entre estas personas de la foto? ¿dónde están y qué están haciendo?
2. ¿Cómo se llevan unos con otros? ¿por qué están contentos? ¿qué están comiendo? ¿es sabroso su almuerzo? ¿saben cocinar y lo preparan con frecuencia?
3. ¿Qué han hecho antes? ¿por qué los adultos abrazan a los niños?
4. ¿Cómo se sienten los niños y los adultos de la foto? ¿dónde están los padres de estos niños?
5. ¿Cree que es una familia feliz y armoniosa? ¿por qué lo piensa?
6. ¿Cree que los niños son bienvenidos en la casa de estas personas mayores?
7. ¿Los niños están de vacaciones? ¿y los adultos? ¿por qué?
8. ¿Qué va a pasar finalmente? ¿adónde van después de terminar el almuerzo?

Conversación 交谈部分

Cuando el candidato termine su monólogo, el entrevistador le hará algunas preguntas sobre el tema durante unos 3 minutos. La duración total de esta prueba es de 7 minutos, más o menos.
当考生结束个人独白部分之后，考官会根据考生所选主题对其进行三分钟的提问。独白和询问问题的部分总共会持续七分钟左右。

Preguntas para el entrevistador 考官问题
（请扫描右侧的二维码）

Tarea 3 (opción 4) ¿Está satisfecho/a con la univerdad en que estudia?
Este es un cuestionario realizado por varias universidades chinas a un grupo de 50 estudiantes para conocer su opinión sobre las universidades donde estudian.

Primera encuesta 第一张调查问卷
¿Cree usted que es eficaz la enseñanza impartida en su especialidad a lo largo de su carrera estudiantil?
1. Muy eficaz
2. Extremadamente eficaz
3. Algo eficaz
4. No tan eficaz
5. Nada eficaz

¿Es probable que recomiende usted la universidad en que estudia a otras personas?
1. Muy probable
2. Extremadamente probable
3. Algo probable
4. No tan probable
5. Nada probable

Segunda encuesta 第二张调查问卷
¿Cree usted que es eficaz la enseñanza impartida en su especialidad a lo largo de su carrera

estudiantil?

1. Muy eficaz 36%

2. Extremadamente eficaz 15%

3. Algo eficaz 20%

4. No tan eficaz 15%

5. Nada eficaz 14%

¿Es probable que recomiende usted la universidad en que estudia a otras personas?

1. Muy probable 30%

2. Extremadamente probable 13%

3. Algo probable 25%

4. No tan probable 17%

5. Nada probable 15%

Preguntas para el entrevistador 考官问题

（请扫描右侧的二维码）

Unidad 5 Vida laboral
第五单元 职业生涯

Vocabulario 词汇表

ocupación (*f.*) 工作；职务	comisión (*f.*) 佣金；手续费	desempleo (*m.*) 失业
día festivo (*m.*) 假期	carta de despido (*f.*) 解雇信	habilidad (*f.*) 才能
anticipo (*m.*) 预付款	despido (*m.*) 解雇	interino (*m.*) 临时工；代理人
dietas (*f.pls.*) 差旅费；津贴	empleo (*m.*) 工作	experiencia (*f.*) 经验
día laborable (*m.*) 工作日	cable (*m.*) 电线，电缆	oferta de empleo (*f.*) 工作机会
trabajo creativo (*m.*) 创意工作	almacén (*m.*) 仓库	incompetente (*adj.*) 无能的
delantal (*m.*) 围裙	mono (*m.*) 工作服	perezoso/a (*adj.*) 懒惰的
incapaz (*adj.*) 无能的	ambicioso/a (*adj.*) 有野心的	inexperto/a (*adj.*) 缺乏经验的
trabajo físico (*m.*) 体力劳动	un salario fijo (*m.*) 固定工资	quirófano (*m.*) 机床；手术台
una paga extra (*f.*) 额外工资	equipo de trabajo (*m.*) 工作团队	gafas de protección (*f.*) 护目镜
destornillador (*m.*) 螺丝刀	profesional (*adj.*) 职业的	

trabajador/a en prácticas (*m.f.*) 实习生	trabajo manual (*m.*) 手工活儿；体力劳动
jornada laboral/de trabajo (*f.*) 工作日	contrato indefinido o fijo (*m.*) 固定合同
flexibilidad de horario (*f.*) 弹性工作时间	contrato de prácticas (*m.*) 实习合同
carta de recomendación (*f.*) 推荐信	trabajo especializado (*m.*) 专业工作
contrato temporal (*m.*) 临时合同	trabajo en cadena/en serie (*m.*) 流水线工作
trabajo intelectual (*m.*) 脑力劳动	cualificado/a (*adj.*) 合格的；有专长的
enchufe (*m.*) 插座；靠走后门得到的工作	
Empresa de Trabajo Temporal (ETT) (*f.*) 临时工公司；临时工中介	
Instituto Nacional de Empleo (INEM) (*m.*) 国家就业局；国家就业机构	

Escuchará cada frase dos veces. Después, completa cada hueco con las palabras correspondientes.
每个句子听两遍。之后，用相应的单词填空。

Sustantivo 名词

1. Claudia consiguió una nueva _____ en una empresa de tecnología.
2. Obtuve una _____ por la venta de su casa.
3. No se puede trabajar en _____, es ilegal.
4. Recibí una _____ de mi trabajo anterior.

5. Tuve que pagar un _____ para reservar mi viaje.

6. La empresa decidió reducir la plantilla y hubo varios _____.

7. Durante el verano, los empleados pueden cobrar _____ por los viajes de negocios.

8. Tener un _____ estable es importante para la estabilidad financiera.

9. El _____ ha estado aumentando en los últimos meses.

10. La empresa decidió contratar a un _____ joven.

11. Claudia tiene la _____ de hablar varios idiomas con fluidez.

12. A Claudia le encanta el _____.

13. La empresa decidió despedir a varios _____ debido a su bajo rendimiento.

14. Este trabajo requiere mucho _____ .

15. Empezar la _____ a los 18 años puede ser difícil.

16. Mateo ha conseguido cobrar _____ este mes.

17. Santiago tiene _____ en su trabajo.

18. Daniel ha conseguido que Santiago obtenga un _____ .

19. Cecilia ha acumulado mucha _____ en su campo laboral.

20. Aaron ha logrado conseguir un _____.

21. Ana me ha proporcionado una _____ interesante.

22. Eva aprecia tener _____ .

23. Marco dirige un _____ muy eficiente.

24. Diego ha redactado una _____ muy elogiosa.

25. Emilio tiene un _____ en su campo.

26. Mateo logró un _____ en la empresa de su prima.

27. Santiago odia _____.

28. Daniel aceptó un _____ que le ofreció su amigo.

29. Cecilia fracasó en el _____ durante una operación de corazón.

30. A Aaron le encanta el _____ en la biblioteca.

31. Ana perdió sus _____ en el taller de carpintería.

32. Eva rompió dos _____ de su mejor amigo.

33. Marco se hirió con un _____ mientras arreglaba la bicicleta.

34. Diego rompió el _____ de la impresora mientras intentaba arreglarla.

35. Emilio se puso el _____ para cocinar en la casa de su novia.

36. Mateo, al caerse en el _____, se lastimó un brazo.

37. Santiago es _____ de escribir una novela romántica.

38. Daniel ensució su _____ de trabajo mientras realizaba su labor.

39. Cecilia llegó a ser una persona _____ después de muchos años de trabajo duro.

40. Aaron es _____ en el campo de la medicina.

41. Ana entrevistó a un _____ muy capacitado para el puesto.

42. Eva criticó a su colega por ser _____ en su trabajo.

43. Sin profesores _____, es imposible recibir una enseñanza de alta calidad.

44. Marco se mueve lentamente porque es una persona _____.

45. Diego solicitó trabajo en una _____ .

46. Emilio rellenó un formulario en el _____ para solicitar trabajo.

Verbos y locuciones 动词和短语

comité de empresa 工会；董事会	ir de traje 西装革履
ser despedido/a 被解雇	contratar a alguien 雇佣某人
aumentar el desempleo 失业率上升	encontrarse desempleado 失业
conseguir un trabajo 得到一份工作	perder el empleo 失业
cobrar una indemnización 收取赔偿金	prevenir el estrés 预防压力
renovar un contrato 续约	reivindicar (tr.) 维权
solicitar un día libre 请假	superar el periodo de prueba 度过试用期
contratar (tr.) 雇佣	pedir un aumento de sueldo 申请涨薪
cláusula del contrato 合同条款	estar de baja por maternidad 休产假
sufrir un accidente laboral 受工伤	pedir la jubilación anticipada 申请提前退休
cotización a la Seguridad Social 投社保	trabajar a tiempo parcial 兼职
cobrar un sueldo razonable 领取合理工资	negociar un contrato 谈合同
estar en el periodo de prueba 处于实习期	ejercer de abogado 执行律师工作
presentar un presupuesto 提交报价	trabajar por cuenta propia 为自己工作
estar en huelga 罢工	retirarse (prnl.) 退休
trabajar como autónomo/a 自由职业者；个体	ascender a 上升；攀升
tener un cargo público 担任公职	estar retirado/a 隐退；退休
trabajar por cuenta ajena 为别人工作	coordinar (tr.) 协调
lugar bien iluminado 光线明亮的场所	trabajar a tiempo completo 全职
trabajar a gusto 轻松工作；愉快工作	ejercer un oficio 从事某种手艺
redactar un contrato 起草一份合同	revisar la instalación eléctrica 检查电器安装
participar en un proceso de selección 参与选拔	trabajar en buenas condiciones 在良好的条件下工作
crecer el número de desempleados 失业人数上升	lugar de trabajo bien acondicionado 良好的工作地点

Verbos y locuciones 动词和短语

1. Raúl fue despedido por el _____ por un malentendido.
2. Hugo _____ debido a algún problema.
3. Susana decidió _____ a la comida de negocios para causar una buena impresión en sus potenciales clientes.
4. Ignacio cree que el _____ se debe a la falta de la mano de obra en su país.
5. Elena quiere _____ con experiencia en el campo de la tecnología.
6. Mónica ha conseguido un trabajo que le brinda una gran _____.
7. Amelia está _____ y está buscando nuevas oportunidades laborales.
8. Jorge _____ tras ser despedido por su empresa.
9. Camelia ha aprendido técnicas para _____ en el trabajo.
10. Lucas _____ y está buscando ofertas de trabajo.
11. Mateo _____ sus derechos a través de una asociación.
12. Daniel _____ laboral por un período más largo.

13. Santiago _____ por motivos personales.

14. Los jefes decidieron _____ a Daniel como gerente.

15. A pesar de las dificultades iniciales, Daniel logró _____.

16. Cecilia leyó detenidamente _____ y firmó el documento con confianza.

17. Aaron decidió _____ gracias a sus logros adicionales.

18. Ana sufrió _____ y recibió atención médica inmediata.

19. Eva está de _____.

20. Lucas consultó su _____ y descubrió que debía pagar más de lo que esperaba.

21. Camelia ha decidido _____.

22. Jorge cree que debería _____.

23. Amelia _____ de su nuevo trabajo y está haciendo todo lo posible para demostrar su valor.

24. Mónica _____ para poder cuidar de su familia y estudiar al mismo tiempo.

25. Elena _____ detallado para el proyecto y espera que sea aprobado por el cliente.

26. Ignacio está _____ con una empresa extranjera.

27. Susana _____ para protestar por las condiciones laborales injustas en su empresa.

28. Hugo _____ y gana mucho dinero.

29. Raúl _____ y tiene la libertad de elegir sus proyectos y horarios de trabajo.

30. Diego _____ y es responsable de todas las decisiones en su negocio.

31. Marco _____ y trabaja para mejorar la calidad de vida de los ciudadanos.

32. Eva ha decidido _____ después de una larga carrera en la empresa.

33. Ana _____, por lo que ha logrado ahorrar lo suficiente para comprar una casa.

34. Aaron ha logrado _____ un puesto de alta dirección gracias a su esfuerzo.

35. Cecilia prefiere trabajar en un _____.

36. Daniel _____, pero sigue siendo nuestro profesor.

37. Santiago _____ en su empresa actual gracias a un ambiente laboral positivo.

38. Mateo _____ eficazmente muchos departamentos.

39. Raúl es experto en _____ precisos y detallados.

40. Hugo _____ en una empresa líder en su sector.

41. Susana _____ minuciosamente _____ para garantizar la seguridad.

42. Ignacio _____ con pasión, lo que le permite destacar en su campo.

43. Elena _____ en su empresa actual.

44. _____ en España _____ significativamente en los últimos años.

45. Amelia _____ riguroso la semana pasada.

46. Jorge está en un _____, lo que le permite trabajar de manera cómoda y eficiente.

Tarea 1 (opción 5) Desempleo en tiempo de pandemia

Instrucciones

Situación: Con el paso de los meses, las secuelas de la pandemia se vuelven cada vez más patentes. España es uno de los países más golpeados por el coronavirus, tanto en el plano sanitario, como social. En este escenario, la falta de empleo de calidad ha llegado a ser uno de los principales problemas. La Organización Internacional del Trabajo advierte que siete de cada diez nuevos trabajos son informales y no reponen los puestos perdidos durante la pandemia. Según los expertos del Organismo de las Naciones Unidas, a diferencia de otros momentos de inestabilidad, los empleos informales no aumentaron durante la crisis de la COVID-19, sino que las medidas que se tomaron para enfrentarla provocaron "un fuerte impacto en la destrucción de ocupaciones informales y la pérdida de ingresos de las personas que trabajaban en estas condiciones". Dada la situación actual, en una tertulia radiofónica que se celebrará mañana por la mañana en que participarán tres economistas prestigiosos de China nos proporcionarán una serie de propuestas para resolver problemas relacionados con el desempleo. （Fuente: la OIT.）

Monólogo 独白部分

Lea las propuestas. Después, durante unos 3 minutos, explique las ventajas y desventajas que cree que tienen. Por favor, hable como mínimo de cuatro de las cinco propuestas. Finalmente, hablará con el entrevistador sobre el tema. Con el fin de preparar su monólogo, tras analizar cada propuesta, debe reflexionar: por qué le resulta una buena propuesta y qué desventajas tiene; si puede generar otros problemas o traer algunas consecuencias; si hace falta destacar algo, etc. 阅读下列建议。之后，在三分钟左右的时间内，您需要解释这些建议中的好处和坏处。请至少分析五条建议中的四条。最后，请与考官交谈关于准备的主题。为了准备好个人独白部分，在分析完每条建议之后，您必须思考为什么您觉得这是一条好的建议或者它有什么坏处，又或者这条建议会导致出现什么问题，什么结果，或者您觉得需要强调某个点。

Primera propuesta
Se debería reentrenar a las personas desempleadas durante y después de la pandemia a través de cursos de formación profesional.

Segunda propuesta
Para recuperar la economía mundial poscovid-19, basta con proteger el trabajo formal.

Tercera propuesta
Las autoridades deberían apoyar a las pequeñas y medianas empresas para garantizar el empleo.

Cuarta propuesta
Se debería fomentar el aprendizaje de lenguas extranjeras a las personas que tengan intención de ganarse la vida en el extranjero o estudiar.

Quinta propuesta
Sería una buena idea fomentar la inversión extranjera a fin de crear más puestos de trabajo.

Preguntas para el entrevistador 考官问题
（请扫描右侧的二维码）

Extrategias 应答技巧

expresar adición 表添加或补充
1. Además 此外；而且
   Además, no hago ninguna actividad física después de cenar y suelo comer dulces.
   此外，我在晚餐后不会做任何运动，而且我经常吃甜食。

2. así mismo 同样；也
   Así mismo, el portero también juega un papel importante.
   同样，门卫也扮演了一个重要的角色。

3. hay que mencionar... 需要一提的是……

Hay que mencionar que, esta enfermedad aumenta el riesgo de sufrir diferentes problemas de salud física, como diabetes y enfermedades cardiovasculares.

需要一提的是，这种疾病会增加患有糖尿病和心血管等不同疾病的风险。

4. no sólo...sino también 不仅……而且……

La obesidad no solo afecta la salud de los niños, sino también la de los ancianos.

肥胖不仅会影响孩子们的健康，也会影响老年人们的健康。

5. por otro lado 从另一方面讲

Por otro lado, la mitad de los niños obesos son discriminados por sus compañeros.

从另一方面讲，一半的肥胖儿童会被同学歧视。

6. por otra parte 从另一方面讲

Por otra parte, muchos de ellos sufren acoso escolar a menudo.

从另一方面讲，他们中的很多人经常会遭受校园霸凌。

7. también 也

La obesidad infantil también trae enfermedades psicológicas a los niños.

儿童肥胖同样会给孩子们带来心理疾病。

expresar causa 表原因

1. a causa de 因为……；由于……

A causa de los malos hábitos alimentarios y la inactividad, muchos jóvenes sufren sobrepeso y obesidad.

因为不良的饮食习惯和不活动，很多年轻人患有超重和肥胖。

2. como 因为……；由于……

Como la obesidad es la segunda causa de muerte después de fumar, se recomienda hacer ejercicio físico al menos una vez a la semana para tener un cuerpo sano.

由于肥胖是排在吸烟之后的第二项导致死亡的原因，为了拥有健康的身体，建议每个礼拜至少做一次运动。

3. dado que 既然；由于说

Dado que nadar y practicar escalada son dos de los deportes más populares para quemar calorías, este gimnasio ha contratado muchos entrenadores profesionales este año.

由于游泳和登山是燃烧热量里最流行的两项运动，今年这家健身房聘请了很多专业教练。

4. en vista de que 鉴于；考虑到

En vista de que algunas chicas quieren tener un cuerpo esbelto, es fundamental que lleven una alimentación equilibrada.

鉴于有些姑娘想拥有苗条的身体，最重要的是保持均衡饮食。

5. porque 因为

Aprobé el examen porque trabajé duro.

我通过考试是因为我非常用功。

6. puesto que 既然；因为

Puesto que ningún testigo puede identificar a los ladrones, este caso queda estancado.

因为没有目击者能够指认小偷，这起案件陷入了僵局。

7. ya que 既然；由于；因为

El palomar no debe estar densamente poblado, ya que esto causa estrés en las aves.

鸽房不应当太拥挤，因为这会对鸟类造成压力。

8. teniendo en cuenta que 注意到；考虑到

Teniendo en cuenta que esta empresa no vende a granel sus productos, no hace falta usar nuestro coche.

考虑到这家公司不会批发自己的货物，也就没必要使用我们的汽车。

Tarea 2 (opción 5) Violencia doméstica

Instrucciones

Situación: Una pareja está discutiendo delante de una niña pequeña, al parecer, la niña que vemos en esta foto no está contenta.

Monólogo 独白部分

Imagine la situación y descríbala durante 2 o 3 minutos. Estos son los aspectos que debe comentar:

想象一下下列场景并在两到三分钟的时间内对照片展开描述，描述时必须包含下列问题：

1. ¿Qué relación cree que hay entre estas personas de la foto? ¿Cómo se llevan unos con otros?

2. ¿Qué están haciendo ahora? ¿Se lo están pasando bien?

3. ¿Qué ha pasado antes? ¿Cómo cree que han llegado a esta situación?

4. ¿Qué les pasa a estas personas? ¿Cree que están discutiendo? ¿Qué se dicen uno al otro? ¿Qué está pensando cada uno?

5. ¿Cómo cree que se sienten ellos? ¿Cree que los adultos de la foto se pelean con frecuencia?

6. ¿Cuánto tiempo llevan casados? ¿Por qué lo piensa?

7. ¿Cómo reacciona la niña de la foto? ¿Llorará o hará algo a fin de parar la discusión entre sus padres? ¿Por qué?

8. ¿Qué van a hacer estas personas luego?

Conversación 交谈部分

Cuando el candidato termine su monólogo, el entrevistador le hará algunas preguntas sobre el tema durante unos 3 minutos. La duración total de esta prueba es de 7 minutos, más o menos.

当考生结束个人独白部分之后，考官会根据考生所选主题对其进行三分钟的提问。独白和询问问题的部分总共会持续七分钟左右。

Preguntas para el entrevistador 考官问题
（请扫描右侧的二维码）

Tarea 3 (opción 5) Reciclaje y medio ambiente

Este es un cuestionario realizado por un grupo de expertos ecológicos para averiguar qué tipo de reciclaje hacen los ciudadanos, si aportan al cuidar el medio ambiente y si están bien informados acerca de los muchos procedimientos que existen para reutilizar la basura.

Primera encuesta 第一张调查问卷
Considera que la adopción de medidas en cuanto a la protección del medio ambiente debería ser...
1. A largo plazo
2. A medio plazo
3. A corto plazo
4. Inmediata
5. No sé contestar esta pregunta

¿Qué tipo de residuos clasifica usted en su vida cotidiana?
1. Papel y cartón
2. Medicamentos caducados
3. Pilas usadas
4. Materia orgánica
5. Plástico y metal
6. Otros

Segunda encuesta 第二张调查问卷
Considera que la adopción de medidas en cuanto a la protección del medio ambiente debería ser...
1. A largo plazo 35%
2. A medio plazo 30%
3. A corto plazo 10%
4. Inmediata 20%
5. No sé contestar esta pregunta 5%

¿Qué tipo de residuos clasifica usted en su vida cotidiana?
1. Papel y cartón 15%
2. Medicamentos caducados 7%
3. Pilas usadas 25%
4. Materia orgánica 8%
5. Plástico y metal 35%
6. Otros 10%

Preguntas para el entrevistador 考官问题
（请扫描右侧的二维码）

Unidad 6 Tiempo de ocio y hacer deporte
第六单元　休闲时光和做运动

Vocabulario 词汇表

cohete (*m.*) 烟花；火箭	pasatiempo (*m.*) 消遣；娱乐	liga (*f.*) 体育联赛
taquilla (*f.*) 售票处	fiesta de disfraces (*f.*) 化妆舞会	socio (*m.*) 合伙人
presentación (*f.*) 表演；发布会	fuegos artificiales (*m.pl.*) 烟花	triunfo (*m.*) 胜利；成功
ocio (*m.*) 休闲	acomodador (*m.f.*) 剧院的引座员	empate (*m.*) 打平；平分
muestra (*f.*) 样品；展品	guardarropa (*m.*) 衣帽间	estadio (*m.*) 体育场
butaca (*f.*) 扶手椅	parque temático (*m.*) 主题公园	victoria (*f.*) 胜利；凯旋
desfile (*m.*) 游行	aficionado/a (*m.f.*) 爱好者	fan (*m.*) 粉丝
pista de baile (*f.*) 舞池	festival de música (*m.*) 音乐节	
espectáculo deportivo (*m.*) 体育运动表演	parque natural (*m.*) 自然公园	
representación teatral (*f.*) 剧院演出	sala de exposiciones (*f.*) 展览厅	
campeonato (*m.*) 冠军赛；锦标赛	instalaciones deportivas (*f.pl.*) 体育设施	
palacio de deportes (*m.*) 体育馆		
comité Olímpico Internacional (COI) (*m.*) 国际奥委会		
juegos olímpicos (JJ. OO.) o olimpiada (*m.f.*) 奥运会		
rompecabezas o puzle (*m.pl.*) 智力拼图；伤脑筋的难题		

Escuchará cada frase dos veces. Después, completa cada hueco con las palabras correspondientes. 每个句子听两遍。之后，用相应的单词填空。

Sustantivo 名词

1. Lanzar _____ es una actividad que Mateo domina con destreza.
2. Santiago se ha preparado durante años para jugar al fútbol en la _____.
3. Daniel trabaja en una _____ del teatro.
4. Enriquecerse no es una tarea fácil, pero para aquellos que son _____ de empresas exitosas, puede ser una realidad.
5. Cecilia ha hecho una _____ impresionante que ha dejado a todos los asistentes con la boca abierta.
6. Aaron espera con ansias el _____ de su equipo.
7. Ana disfruta de su tiempo de _____ haciendo actividades que le permiten relajarse.
8. Eva ha logrado un _____ en una partida muy difícil.
9. Marco ha dado una _____ de su talento en la exposición de arte, lo que ha impresionado a todos los visitantes.

10. Diego está construyendo un _____ que será el hogar de su equipo favorito.

11. Raúl está buscando una _____ en el cine para ver su película favorita.

12. Hugo lucha por la _____ en cada competición en la que participa.

13. Susana ha visto un _____ impresionante que ha dejado una huella duradera en su memoria.

14. Mónica odia a los _____ que la acosan en cada concierto.

15. Diego tiene un _____ poco común: coleccionar insectos raros.

16. Raúl, como _____ a la música, canta en un coro de ópera local.

17. Hugo participó en una _____ de su empresa.

18. Susana se divirtió mucho en un _____.

19. Ignacio contempló los _____ desde una colina.

20. Elena se mareó en la _____ debido a los efectos de las luces estroboscópicas.

21. Mónica preguntó al _____ si había asientos disponibles en la primera fila.

22. Amelia alquiló una _____ para mostrar su colección de arte moderno.

23. Jorge metió su abrigo en el _____ antes de entrar al teatro.

24. Camelia metió la pelota en la portería durante el _____ de fútbol y se convirtió en la heroína del equipo.

25. Mateo jugó en un _____ durante todo el día.

26. Santiago se quejó de las _____ del centro y pidió una mejora inmediata.

27. Daniel consumió una gran cantidad de bebidas energéticas durante un _____.

28. Cecilia perdió su teléfono móvil en el _____ y tuvo que buscarlo durante horas.

29. Aaron desempeñó un papel principal en la _____ y recibió una ovación de pie del público.

30. Ana protegió el _____ de la contaminación y promovió la conciencia ambiental entre los visitantes.

31. Eva ganó una medalla de oro en los Juegos Olímpicos de Verano y fue felicitada por el _____.

32. Se celebraron los _____ en Beijing en 2008 y atrajeron a millones de turistas de todo el mundo.

33. Marco se aficionó a los _____ y pasó horas resolviéndolos en su tiempo libre.

Verbos y locuciones 动词和短语

entrenar (*tr.*) 训练	vencer (*tr.*) 战胜	sufrir una lesión 受伤
entretenerse (*prnl.*) 使感到开心	acertar (*tr.*) 命中	ir de juerga 狂欢
eliminar (*tr.*) 消除；淘汰	calentar (*tr.*) 热身	repartir (*tr.*) 分发
pasar el rato 闲逛	jugar a la lotería 博彩	fallar (*tr.*) 失误；失败
barajar (*tr.*) 分发扑克牌	hacer una apuesta 赌博	deporte de invierno 冬季运动
ser campeón 成为冠军	deporte de equipo 团体体育	ganar una medalla 获得奖牌
hacer trampas 作弊	jugar a la comba 跳绳	sacar una carta 出牌；抽牌
juego de azar (*m.*) 博弈游戏	jugar a las canicas 弹弹珠	jugar al escondite 捉迷藏
cancelar un espectáculo 取消一场演出		organizar una exposición 举办展览
ser coleccionista de 某物的收藏者		participar en el entrenamiento 参加训练
pasar(se)lo fenomenal 玩得很开心		saltarse las reglas del juego 打破游戏规则
hacerse socio de un club 成为俱乐部会员		tocarle el turno a alguien 轮到某人
jugar una partida 玩一局（小型游戏）		clasificarse para el final 晋级决赛
montar en los columpios/en el tobogán 荡秋千 / 滑滑梯		

Verbos y locuciones 动词和短语

1. Camelia, después de _____ durante horas, se sintió exhausta.
2. Jorge logró _____ a su enemigo gracias a su astucia.
3. Amelia encontró una gran variedad de formas de _____.
4. Mónica _____ en cada lanzamiento de su canasto, impresionando a todos los presentes.
5. Amelia _____ a su rival en una competición local.
6. Jorge _____ su cuerpo antes de jugar al fútbol.
7. Camelia _____ de relojes antiguos.
8. Lucas ha disfrutado _____ en el hielo durante horas.
9. Emilio tuvo que _____ en un caso urgente.
10. Diego _____ impresionante de arte moderno.
11. Marco prefiere practicar _____ en lugar de hacer ejercicio en casa.
12. Eva _____ con pasión.
13. Es importante que los universitarios sepan _____ sin descuidar sus estudios.
14. Después de _____ en el músculo y el ligamento, hacer escalada se convirtió en un desafío para mí.
15. Aaron suele _____ leyendo libros y viendo películas.
16. Cecilia y sus amigos _____ a la playa todos los fines de semana.
17. Daniel _____ las cartas con habilidad durante las partidas de póker.
18. Santiago _____ la comida equitativamente entre todos los comensales.
19. Mateo soñaba con _____ cuando era pequeño.
20. Raúl _____ en su intento de marcar un gol, pero no le importó.

21. Hugo hizo _____ en el examen y puso en riesgo su futuro académico.
22. Susana _____ todas las semanas.
23. Ignacio decidió _____ deportivo.
24. Elena _____ con sus amigos sobre quién ganaría el partido de fútbol.
25. Mónica solía _____ con sus amigas cuando era niña.
26. Amelia _____ para ganar.
27. Jorge se _____ y se emborrachó.
28. Camelia está muy orgullosa de _____ en los Juegos Olímpicos.
29. Lucas se divierte mucho _____ de ajedrez con su amigo.
30. Mateo _____ y se da cuenta de que tiene una buena oportunidad de ganar el juego.
31. Santiago es un experto en _____.
32. Daniel está emocionado de que finalmente _____.
33. Cecilia solía _____ cuando era niña.
34. Aaron y sus amigos se divierten _____.
35. Ana se siente feliz _____ del parque.

Tarea 1 (opción 6) Actividad física

Instrucciones

Situación: La Organización Mundial de la Salud define la actividad física como cualquier movimiento corporal producido por los músculos esqueléticos, con el consiguiente consumo de energía. La actividad física hace referencia a todo movimiento, incluso durante el tiempo de ocio, para desplazarse a determinados lugares y desde ellos, o como parte del trabajo de una persona. La actividad física, tanto moderada como intensa, mejora la salud. Sin embargo, el sedentarismo, que es un estilo de vida carente de movimiento o actividad física, está afectando la vida cotidiana de todo el mundo. La OMS define como sedentaria a una persona que realiza menos de noventa minutos de actividad física semanal. Dada la grave situación actual, en una tertulia radiofónica celebrada esta mañana, hemos invitado a cuatro entrenadores prestigiosos de China para ofrecernos una serie de propuestas a la hora de realizar actividad física. Fuente: OMS.

Monólogo 独白部分

Lea las propuestas. Después, durante unos 3 minutos, explique las ventajas y desventajas que cree que tienen. Por favor, hable como mínimo de cuatro de las cinco propuestas. Finalmente, hablará con el entrevistador sobre el tema. Con el fin de preparar su monólogo, tras analizar cada propuesta, debe reflexionar: por qué le resulta una buena propuesta y qué desventajas tiene; si puede generar otros problemas o traer algunas consecuencias; si hace falta destacar algo, etc. 阅读下列建议。之后，在三分钟左右的时间内，您需要解释这些建议中的好处和坏处。请至少分析五条建议中的四条。最后，请与考官交谈关于准备的主题。为了准备好个人独白部分，在分析完每条建议之后，您必须思考为什么您觉得这是一条好的建议或者它有什么坏处，又或者这条建议会导致出现什么问题，什么结果，或者您觉得需要强调某个点。

Primera propuesta

Sería importante buscar su propia motivación y planificar sus actividades de acuerdo con su condición física.

Segunda propuesta

Conviene solicitar una valoración médica previa para conocer su forma física antes de programar el ejercicio, especialmente si ha padecido alguna enfermedad.

Tercera propuesta

No tenga prisa. Lo mejor es plantear objetivos razonables y elegir actividades de intensidad, volumen y frecuencia acorde a éstos.

Cuarta propuesta

Es necesario practicar de forma regular la actividad física que escoja, aunque no le resulte satisfactoria y divertida.

Quinta propuesta

Para cultivar un hábito deportivo, sería primordial que permanezca activo el resto del día: pasee, utilice las escaleras, utilice medios de transporte activos durante su tiempo libre.

Preguntas para el entrevistador 考官问题
（请扫描右侧的二维码）

Monólogo 独白部分

expresar resumen 表总结

1. en definitiva 总之；归根到底

En definitiva, urge crear un centro de rehabilitación intensiva para ciberadictos.

总之，创建网瘾戒断中心一事刻不容缓。

2. en resumen 总而言之；总之

En resumen, esta adicción está afectando a personas de todas las edades, estas personas acaban perdiendo el contacto con amigos y familiares.

总而言之，网瘾影响着各个年龄段的人，这些人最终会失去与家人和朋友的接触。

3. en pocas palabras 简单来说

Juan es generoso y simpático, en pocas palabras, un buen marido.

胡安慷慨且和蔼可亲，简单来说，他是个好丈夫。

4. dicho brevemente 简短地；扼要地

Dicho brevemente, la posibilidad de sobrevivir es incierta.

简单来说，幸存的可能性是渺茫的。

5. en una palabra 总而言之；一句话

En una palabra, a medida que avanza la tecnología, cada vez hay más gente enganchada a las redes sociales.

总而言之，便随着科技的进步，会有越来越多的人沉迷于社交网络。

6. en suma 总之；一言以蔽之

En suma, debido a la expansión del covid-19 y una cuarentena infinita, los ciberadictos están abandonando sus relaciones sociales para esconderse en un mundo virtual.

总之，由于新冠疫情的蔓延和无限期的居家隔离，网瘾者在抛弃社交的同时，把自己隐藏在虚拟的世界中。

expresar finalidad 表目的

1. a fin de 为了

A fin de llegar a casa puntualmente, María se levanta a las 6 de la mañana.

为了能准时到家，玛丽亚早上六点就起床了。

2. con el fin de 为了

Con el fin de mejorar sus notas, la profesora Julia estudia con sus alumnos todos los días.

为了让他们的成绩变好，胡里娅老师每天都跟她的学生们一起学习。

3. con el objeto de 为了

Con el objeto de proteger el medio ambiente, se recomienda coger transportes públicos en lugar de usar coches privados.

为了保护环境，比起使用私家车，建议大家使用公共交通工具。

4. con el propósito de 为了

Contrató a tres profesores particulares con el propósito de aprobar tres exámenes complicados.

他聘请三名私教的目的是为了通过三门复杂的考试。

5. con la finalidad de 为了

Con la finalidad de disminuir la posibilidad de padecer enfermedades cardiovasculares, es aconsejable hacer deporte una vez a la semana.

为了减少患有心血管疾病的风险，建议每星期做一次运动。

6. con la intención de 为了

Con la intención de escribir una novela en un mes, Víctor Hugo se encerró en su habitación.

为了在一个月之内写出一部小说，维克多·雨果足不出户。

7. con miras a 为了

Juanito usa el carné de identidad de su padre con miras a acceder a las redes sociales.

为了能进入社交网络，小胡安使用了他父亲的身份证。

8. para que 为了

Diseñan esta aplicación para que todos los usuarios puedan enviar mensajes de voz, fotos, videos y mensajes de texto.

他们设计这个应用的目的是为了能让所有用户发送语音信息、照片、视频和文本。

Tarea 2 (opción 6) Adicción al teléfono móvil

Instrucciones

Situación: Estas personas están jugando con su teléfono móvil, según su expresión, parece que están concentrándose en sus quehaceres.

Monólogo 独白部分

Imagine la situación y descríbala durante 2 o 3 minutos. Estos son los aspectos que debe comentar:

想象一下下列场景并在两到三分钟的时间内对照片展开描述，描述时必须包含下列问题：

1. ¿Cuál es la relación entre las personas de la foto? ¿Desde cuándo se conocen?

2. ¿Cómo se llevan? ¿Por qué?

3. ¿Qué están haciendo? ¿Cree que esto les sucede a menudo? ¿Por qué?

4. ¿Cree que deberían cambiar su estilo de vida? ¿Cómo?

5. ¿Cómo cree que se siente la chica? ¿Y el chico? ¿A qué cree que se dedican?

6. ¿Qué ha pasado antes? ¿por qué han llegado a esta situación?

7. ¿Qué se dicen? ¿Y qué está pensando cada uno?

8. ¿Qué va a pasar finalmente? ¿Cree que en el futuro va a seguir sucediendo esto? ¿Por qué?

9. ¿Se van a poner de acuerdo y reconciliar? ¿Cómo va a reaccionar cada uno?

Conversación 交谈部分

Cuando el candidato termine su monólogo, el entrevistador le hará algunas preguntas sobre el tema durante unos 3 minutos. La duración total de esta prueba es de 7 minutos, más o menos. 当考生结束个人独白部分之后，考官会根据考生所选主题对其进行三分钟的提问。独白和询问问题的部分总共会持续七分钟左右。

Preguntas para el entrevistador 考官问题
（请扫描右侧的二维码）

Tarea 3 (opción 6) Productos cosméticos

Este es un cuestionario realizado por el Ayuntamiento de Qingdao a los ciudadanos para conocer su costumbre de consumo sobre productos cosméticos.

Primera encuesta 第一张调查问卷

¿Cuáles de los siguientes productos de maquillaje usa al menos una vez a la semana?

1. Bronceador
2. Crema facial
3. Pestañas artificiales
4. Espejos
5. Polvo facial
6. Pintalabios
7. Sombra de ojos

¿Cuál de las siguientes fuentes utiliza usted para informarse acerca de productos de maquillaje?

1. Revistas
2. Televisión
3. Sitios de internet
4. Amigos o familiares
5. Vendedores
6. Dermatólogo

Segunda encuesta 第二张调查问卷

¿Cuáles de los siguientes productos de maquillaje usa al menos una vez a la semana?

1. Bronceador 3%
2. Crema facial 28%
3. Pestañas artificiales 20%
4. Espejos de aumento 12%
5. Polvo facial 10%
6. Pintalabios 16%
7. Sombra de ojos 11%

¿Cuál de las siguientes fuentes utiliza usted para informarse acerca de productos de maquillaje?

1. Revistas 15%
2. Televisión 35%
3. Sitios de internet 25%
4. Amigos o familiares 18%
5. Vendedores 5%
6. Dermatólogo 2%

Preguntas para el entrevistador 考官问题

（请扫描右侧的二维码）

Unidad 7 Medios de comunicación e información
第七单元 传媒和信息

Vocabulario 词汇表

rumor (m.) 谣言；流言	crítica (f.) 评论	titular (m.) 头版头条
dato (m.) 资料	pie de foto (m.) 小标题；说明	subtítulo (m.) 副标题
noticia fiable (f.) 可靠新闻	edición (f.) 出版；编辑	editor/a (m.f.) 出版者；编辑者
carta al director (f.) 读者来信	prensa gratuita (f.) 免费报纸	carta certificada (f.) 挂号信
prensa rosa (f.) 八卦新闻	comentario (m.) 评论	carta de reclamación (f.) 投诉信
reportero/a (m.f.) 采访记者	noticia oficial (f.) 官方新闻	enviado especial (m.) 特派员
videoconferencia (f.) 视频会议	prensa amarilla (f.) 黄色新闻	oyente (m.) 听众
audioconferencia (f.) 音频会议	servidor (m.) 服务器	emisión (f.) 广播
teléfono digital (m.) 数字电话	crónica (f.) （新闻）报道	informativos (m.) 新闻节目
comunicación radiofónica (f.) 无线电通信		comunicación escrita (f.) 书面沟通
noticia de última hora (f.) 最新消息		carta de solicitud de trabajo (f.) 求职信
comunicación audiovisual (f.) 视听通讯		teléfono analógico (m.) 模拟电话
servicio de atención al cliente (m.) 客服		comunicación telefónica (f.) 电话沟通
factura del teléfono (f.) 电话账单		redactor/a (jefe) (m.f.) 主编；总编辑
portada (f.) （报刊杂志等）封面		compañía telefónica (f.) 电话公司
corresponsal (m.f.) 通讯员；外派记者		teleadicto/a (m.f.) 看电视上瘾的人
libertad de expresión (f.) 言论自由		periodista de investigación (f.) 调查记者
artículo de fondo (m.) 社论；专题文章		televisión por vía satélite (f.) 卫星电视
noticias de actualidad (f.) 当下新闻		medio audiovisual (m.) 视听媒体；视听媒介
telespectador/a (m.f.) 电视观众		

Escuchará cada frase dos veces. Después, completa cada hueco con las palabras correspondientes. 每个句子听两遍。之后，用相应的单词填空。

Sustantivo 名词

1. La prima de Mario, cansada de los _____, decidió hablar con franqueza sobre el tema.
2. Julio recibió una _____ enviada por su primo.
3. El padre de Lucas decidió compartir un _____ importante con su hijo.
4. La tía de Valentina prefiere la _____ para evitar malentendidos.

5. Aquel chico alto decidió difundir una _____ que había recibido.

6. La madre de Camelia hizo un _____ ingenioso sobre la situación, lo que hizo reír a todos los presentes.

7. Cecilia echa de menos la _____ de antaño, cuando las noticias eran más detalladas y menos superficiales.

8. Hugo publicó una _____ sobre el lanzamiento de un nuevo producto.

9. El suegro de Mario está leyendo una _____ sobre un accidente de tráfico.

10. Elena recibió una _____ muy bien redactada.

11. Amelia estableció una _____ con su equipo de trabajo.

12. La tía de Valentina se acostumbra a usar un _____.

13. El cuñado de Amelia se puso a llorar cuando recibió la llamada del _____.

14. Raúl ha hecho una _____ importante.

15. La madre de Camelia paga la _____.

16. Ignacio maneja un _____ con habilidad.

17. Esta chica joven ha ocupado una _____ entera de esta revista.

18. La tía de Valentina escribió una _____ interesante.

19. Jorge soportó una _____ dura a duras penas.

20. Ana se sorprende al ver el _____ del periódico.

21. Marco detalla la información en el _____ .

22. Aaron consigue traducir el _____ al chino.

23. Mónica ha hecho una _____ especial de este artículo.

24. El _____ responsabiliza a la errata en el texto.

25. Susana se traslada como _____ a un lugar peligroso.

26. El primo de Salvador envió una _____ a su abogado.

27. Daniel escribe una _____ del periódico.

28. El _____ jefe criticó una noticia matutina el lunes.

29. El cuñado de Daniel reparte _____ en la calle.

30. La prima de Mario trabaja en una _____ .

31. Amelia tiene _____ en su trabajo.

32. Elena trabaja como _____ en una zona de guerra.

33. El padre de Lucas presta atención a la _____ .

34. Emilio ha hecho una _____ con su equipo de trabajo.

35. El primo de Salvador redacta un _____ sobre la situación actual.

36. El primo de Salvador perdió la _____ y no pudo escuchar la reunión importante.

37. El hermano de Felisa se enteró de los rumores más recientes de una _____ .

38. El padre de Lucas sorprendió al _____ con su historia de vida emocionante.

39. El suegro de Mario fue entrevistado por un _____ sobre su carrera exitosa.

40. La tía de Valentina cantó en una _____ televisiva.

41. Camelia renovó su casa después de ver las _____ sobre las últimas tendencias de diseño.

42. Susana compró un _____ para mejorar su rendimiento laboral.

43. La prima de Mario asustó al _____ con su actuación en la película de terror.

44. El suegro de Mario se convirtió en un _____ después de jubilarse.

45. Eva rompió accidentalmente la _____ mientras limpiaba la casa.

46. La madre de Camelia habló sobre la situación política actual en los _____ de la noche.

47. A través de un _____ , el primo de Salvador enseñó técnicas de investigación periodística a los estudiantes universitarios.

48. Después de años de trabajo duro, el _____ finalmente se volvió famoso.

Verbos y locuciones 动词和短语

opinar (*tr.*) 发表意见	telefonear (*tr.*) 打电话	comunicar (*tr.*) 通知
declarar (*tr.*) 宣布；申报	comentar (*tr.*) 评论	anunciar (*tr.*) 通知；宣布
zapear (*tr.*) 换台	entregar en mano 亲自交付	eliminar un virus 删除一个病毒

instalar un antivirus 安装杀毒软件	formular una crítica 提出批评
comunicarse por escrito 书面联系	dar una rueda de prensa 召开一次新闻发布会
establecer el contacto 建立联系	pinchar en un enlace 点击一个链接
escribir una carta a mano 亲笔信	hacer una llamada internacional 打国际长途
dar de alta una línea telefónica 开通电话线	contratar la tarifa plana 签订套餐
suscribirse a un periódico 订阅报纸	llamar a cobro revertido 打电话对方付款
cortarse la comunicación 切段联系；中断联系	

perderse un programa de televisión 错过一档电视节目
enterarse de una noticia por casualidad 无意中得知一条消息
comunicarse por correo electrónico 通过电子邮件的方式沟通

Verbos y locuciones 动词和短语

1. El suegro de Mario _____ que era necesario tomar medidas para solucionar este problema.
2. Susana utilizó un teléfono fijo para _____ a su madre.
3. Elena _____ culpable por el tribunal debido a las pruebas presentadas en su contra.
4. Mónica _____ que la situación actual era preocupante y que se necesitaban cambios urgentes.
5. El cuñado de Elena _____ la dimisión del presidente de la empresa durante una reunión de accionistas.
6. Los niños suelen _____ por los canales de televisión con mucha frecuencia.
7. La llegada del presidente _____ por los altavoces del aeropuerto.
8. Esta chica joven utilizó su ordenador para _____ complicado.
9. Amelia decidió _____ en su ordenador para protegerlo de futuras amenazas cibernéticas.
10. Ayer, Cecilia _____ constructiva sobre el último proyecto presentado por su equipo.
11. El primo de Salvador, al _____ , logró transmitir su mensaje de manera clara y concisa.
12. El padre de Lucas decidió _____ para aclarar los rumores que circulaban sobre su empresa.
13. La madre de Camelia _____ con su hija después de muchos años de separación.
14. Al _____ , la tía de Valentina descargó un virus en su ordenador sin darse cuenta.
15. El cuñado de Lucas decidió _____ para expresar sus sentimientos más sinceros.
16. Jorge _____ para felicitar a su amigo por su cumpleaños.
17. Camelia _____ para poder comunicarse con sus clientes de manera más eficiente.
18. Emilio _____ para ahorrar dinero.
19. La prima de Mario decidió _____ .
20. La tía de Valentina _____ , pero nadie le contestó.
21. Mónica _____ un informe al director de la empresa.
22. _____ accidentalmente.
23. Mónica _____ muy importante porque se quedó dormido.

24. Mónica _____ mientras navegaba por internet.

25. El suegro de Mario prefirió _____.

Tarea 1 (opción 7) Libros de papel o digitales

Instrucciones

Situación: Hoy en día, con las nuevas tecnologías podemos escoger la manera en la que deseamos para leer, pues ya tenemos libros de papel, pero también contamos con dispositivos digitales como una tableta, un teléfono móvil o incluso un lector de libros digitales. Según fuentes fidedignas, el libro electrónico representa el 5% del mercado editorial en España. La venta de libros electrónicos en España ha seguido creciendo durante los años 2019, 2020 y 2021, con un aumento en este último año del 16% respecto al anterior. En cambio, el mercado del libro de papel en España se ha caracterizado durante la última década por una disminución de las ventas, especialmente durante la pandemia. Con respecto a la situación actual, en un programa televisivo celebrado esta mañana en que han participado tres de los editores más influyentes de China se han ofrecido una serie de propuestas a la población antes de empezar una buena lectura.

Monólogo 独白部分

Lea las propuestas. Después, durante unos 3 minutos, explique las ventajas y desventajas que cree que tienen. Por favor, hable como mínimo de cuatro de las cinco propuestas. Finalmente, hablará con el entrevistador sobre el tema. Con el fin de preparar su monólogo, tras analizar cada propuesta, debe reflexionar: por qué le resulta una buena propuesta y qué desventajas tiene; si puede generar otros problemas o traer algunas consecuencias; si hace falta destacar algo, etc. 阅读下列建议。之后，在三分钟左右的时间内，您需要解释这些建议中的好处和坏处。请至少分析五条建议中的四条。最后，请与考官交谈关于准备的主题。为了准备好个人独白部分，在分析完每条建议之后，您必须思考为什么您觉得这是一条好的建议或者它有什么坏处，又或者这条建议会导致出现什么问题，什么结果，或者您觉得需要强调某个点。

Primera propuesta

Ya que los teléfonos móviles y tabletas se han convertido en niñeras de los recién nacidos e infantes durante la última década, sería aconsejable el uso de cualquier tipo de pantalla a cualquier edad.

Segunda propuesta

Yo soy partidario de leer libros electrónicos. Por un lado, son significativamente económicos que en su versión tradicional; por otro lado, algunos libros los podemos descargar gratuitamente.

Tercera propuesta

Yo les aconsejaría a las personas mayores que compren un soporte digital cuanto antes, dado que, gracias a su diseño, ya no hace falta que lean letras pequeñas con lupa.

Cuarta propuesta

Sería inconveniente leer libros electrónicos, ya que debería contar con un conocimiento mínimo de las nuevas tecnologías antes de leer. Sin embargo, con libros tradicionales uno no tendrá este problema.

Quinta propuesta

Sería una buena idea comprar un soporte digital porque los libros electrónicos no ocupan espacio físico.

Extrategias 应答技巧

expresar comparación 表比较

1. más...que 比……多
   Mi perro es más fuerte que el tuyo.
   我的狗比你的狗强壮。

2. menos...que 比……少
   Mi ordenador es menos caro que el tuyo.
   我的电脑没有你的贵。

3. tan...como 也……；和……一样
   María es tan inteligente como su hermana.
   玛丽亚和她的姐姐一样聪明。

4. tanto...como 也……；和……一样
   Este cuento lo saben tanto ella como su hermana pequeña.
   她和她的妹妹都知道这个故事。

expresar condición 表条件

1. a condición de que 以……为条件；只要
   Ese director de redacción me dijo que no publicaría aquellas fotos a condición de que le diera el dinero que pedía.
   编辑部的领导说只要给他要的钱，他就不公开那些照片。

2. a menos que 除非；要不是
   Esta vez saldrá temprano de la casa de su novia, a menos que surjan complicaciones.
   这次他一定早早离开他女朋友的家，除非出现复杂的情况。

3. con que 只要
   Es sorprendente el poder que tiene: con que ella lo diga, todo el mundo lo acepta sin rechistar.
   她拥有的权力让人感到惊讶：只要她说什么大家都会毫无保留地接受。

4. a no ser que 如果不；除非
   Esta vez celebraremos la fiesta en mi casa, a no ser que mis padres vuelvan a casa antes de las doce.
   这次我们在我家里举行宴会，除非我的父母会在 12 点之前回家。

5. con tal que 只要
   Pueden hacer lo que quieran, con tal de que me dejen en paz.
   只要他们能让我安静，他们干什么都行。

6. en caso de que 如果……的话；万一

Creo que llegaré a casa a las 10, en caso de que no sea así, no me esperes.

我觉得我会在十点回家，不过如果回不来，你就别等我了。

7. siempre y cuando 只要

Sí, hija, puedes hacer la fiesta en nuestro salón, siempre y cuando lo dejes todo como estaba.

行，闺女，你可以在客厅里开派对，只要你让所有的东西保持原样就行。

8. siempre que 每次；只要

Podemos almorzar juntos este domingo, siempre que todos estén de acuerdo.

礼拜天我们可以一起共进午餐，只要大家都同意就行。

Tarea 2 (opción 7) El teletrabajo

Instrucciones

Situación: Estas personas se reúnen en una habitación grande, según sus reacciones, parece que están comunicándose con algunos trabajadores a través de un ordenador.

Monólogo 独白部分

Imagine la situación y descríbala durante 2 o 3 minutos. Estos son los aspectos que debe comentar:

想象一下下列场景并在两到三分钟的时间内对照片展开描述，描述时必须包含下列问题：

1. ¿Cuál es la relación entre las personas de la foto? ¿Dónde están exactamente?
2. ¿Todos los participantes son empleados? ¿Por qué?
3. ¿Qué están haciendo? ¿Cree que lo que hacen forma parte de su jornada laboral?
4. ¿Por qué todo el mundo lleva mascarillas?
5. ¿Cómo cree que se sienten? ¿Qué ha ocurrido? ¿Por qué el hombre que está a la derecha de la foto mira a su compañero y espera su reacción?
6. ¿Qué ha pasado antes? ¿Por qué han llegado a esta situación?
7. ¿Qué se dicen? ¿Y qué está pensando cada uno?
8. ¿Qué va a pasar finalmente? ¿Cree que las personas de esta foto se van a poner de acuerdo con otras?

¿Por qué?

9. ¿Qué prefieren los trabajadores de la foto? ¿Trabajar en la oficina o en casa? ¿Por qué?

10. ¿Cree que es importante que se vista ropa formal antes de asistir a una reunión? ¿Por qué?

/*Conversación* 交谈部分

Cuando el candidato termine su monólogo, el entrevistador le hará algunas preguntas sobre el tema durante unos 3 minutos. La duración total de esta prueba es de 7 minutos, más o menos.

当考生结束个人独白部分之后，考官会根据考生所选主题对其进行三分钟的提问。独白和询问问题的部分总共会持续七分钟左右。

Preguntas para el entrevistador 考官问题

（请扫描右侧的二维码）

Tarea 3 (opción 7) Seguro médico privado

Este es un cuestionario realizado por las autoridades de una ciudad costera a sus ciudadanos para conocer su opinión sobre el seguro médico, así como su nivel de satisfacción de los servicios sociales.

Primera encuesta 第一张调查问卷

¿Está usted satisfecho/a con su seguro médico?

1. Muy satisfecho

2. Insatisfecho

3. Satisfecho

4. Muy insatisfecho

5. Ni satisfecho ni insatisfecho

¿Quién paga su seguro médico?

1. El gobierno

2. Mi empresa actual

3. Mi empresa anterior

4. Mis familiares

5. Yo mismo

6. Mis amigos

¿Cuál de estos está cubierto en su plan de seguro de salud?

1. Visitas al doctor

2. Embarazo y parto

3. Servicios de salud mental

4. Visitas a la sala de emergencias

5. Atención hospitalaria y ambulancia

6. Otro

Segunda encuesta 第二张调查问卷

¿Está usted satisfecho/a con su seguro médico privado?

1. Muy satisfecho 5%

2. Insatisfecho 10%

3. Satisfecho 45%

4. Muy insatisfecho 25%

5. Ni satisfecho ni insatisfecho 15%

¿Quién paga su seguro médico?

1. El gobierno 7%

2. Mi empresa actual 15%

3. Mi empresa anterior 3%

4. Mis familiares 25%

5. Yo mismo 40%

6. Mis amigos 10%

¿Cuál de estos está cubierto en su plan de seguro de salud?

1. Visitas al doctor 30%

2. Embarazo y parto 20%

3. Servicios de salud mental 10%

4. Visitas a la sala de emergencias 25%

5. Atención hospitalaria y ambulancia 9%

6. Otro 6%

Preguntas para el entrevistador 考官问题

（请扫描右侧的二维码）

Unidad 8 Vivienda y diferentes servicios
第八单元 住宅和不同的服务

Vocabulario 词汇表

cemento (*m.*) 水泥	carpintería (*f.*) 木工活	lujoso/a (*adj.*) 奢华的；豪华的
ladrillo (*m.*) 砖	inmobiliaria (*f.*) 房地产公司	fregona (*f.*) 拖把
buhardilla (*f.*) 阁楼；顶楼	dúplex (*m.*) 复式套房	escoba (*f.*) 扫帚
ático (*m.*) 顶层；阁楼	hogar (*m.*) 家	orientado al norte (*m.*) 朝北
fontanería (*f.*) 自来水管道	albañil (*m.f.*) 泥瓦工	detergente (*m.*) 洗衣粉
vivienda (*f.*) 住宅	alojamiento (*m.*) 住宿；住宿处	espacioso/a (*adj.*) 宽敞的
residencia temporal (*f.*) 暂住	trapo (*m.*) 抹布	suavizante (*m.*) 衣物柔顺剂
vivienda de alquiler (*f.*) 出租房	recogedor (*m.*) 簸箕	suciedad (*f.*) 污秽，肮脏
adorno (*m.*) 装饰	batidora (*f.*) 搅拌器	timbre (*m.*) 门铃
recuerdo (*m.*) 纪念品	bombilla (*f.*) 灯泡	linterna (*f.*) 手电筒
freidora (*f.*) 炸锅	interruptor (*m.*) 开关	enchufe (*m.*) 插座
exprimidor (*m.*) 榨汁器	cable (*m.*) 电线	repartidor/a (*m.f.*) 快递员
luz tenue (*f.*) 柔和的灯光	picadora (*f.*) 破壁机；切碎机	entrega (*f.*) 递交；送货
gastos de envío (*m.pl.*) 运费	carta certificada (*f.*) 挂号信	correo aéreo (*m.*) 航空邮件
asistente social (*m.*) 社工	ahorro (*m.*) 节省；积蓄	carta urgente (*f.*) 紧急信函
hipoteca (*f.*) 按揭贷款	ingreso (*m.*) 储蓄；存款	caja fuerte (*f.*) 保险箱
cobro (*m.*) 收费；首款	cuenta corriente (*f.*) 活期账户	secuestrador/a (*m.f.*) 绑匪
pago (*m.*) 支付；付款	inversor/a (*m.f.*) 投资商	vigilancia (*f.*) 警戒；戒备
crédito (*m.*) 信任；贷款	ingresos extra (*m.pl.*) 额外收入	sospechoso/a (*m.f.*) 嫌疑人
préstamo (*m.*) 借贷；贷款	inspector/a (*m.f.*) 监察员	protección (*f.*) 保护
accionista (*m.*) 股东	delito (*m.*) 犯罪	violación (*f.*) 侵犯；强奸
policía municipal (*f.*) 市政警察	atraco (*m.*) 拦路抢劫	asesinato (*m.*) 谋杀
integración (*f.*) 结合；融入	pista (*f.*) 线索	coartada (*f.*) 不在场证据
menores (*m.pl.*) 未成年人	huella (*f.*) 指纹	prueba (*f.*) 证据
retrato robot (*m.*) 面部画像	marginación (*f.*) 被社会边缘化	vejez (*f.*) 老年
material de construcción (*m.*) 建材	gastos de comunidad (*m.pl.*) 物业费	
residencia permanente (*f.*) 永久居留	conserje (*m.f.*) 看门人；房屋看管人	

segunda residencia (f.) 第二居所	escalera de incendios (f.) 火灾逃生通道
compañía de seguros (f.) 保险公司	salida de emergencia (f.) 紧急出口
comunidad de vecinos (f.) 邻里社区	acogedor/a (adj.) 舒适的；温馨的
lavavajillas (m.) 餐具洗涤剂；洗碗机	iluminación directa (f.) 直射光
ambiente acogedor (m.) 舒适的环境	ambiente íntimo (m.) 亲密的氛围
contenedor de basuras (m.) 垃圾箱	robot de cocina (m.) 厨房机器人
contenedor de papel (m.) 废纸箱	contenedor de vidrio (m.) 玻璃回收箱
compañía eléctrica (f.) 电力公司	contenedor de plástico (m.) 塑料回收箱
cartero comercial (m.) 商业邮差	empresa de mensajería (f.) 快递公司
correo ordinario (m.) 平信；普通邮件	monitor de actividades (m.) 活动监视器
caso del asesinato (m.) 谋杀案	farola (f.) 路灯
ingresos periódicos (m.pl.) 定期收入	talonario de cheques (m.) 支票簿
comisario de policía (m.) 警察局长	servicio de seguridad (m.) 安保服务
banda de delincuentes (f.) 犯罪团伙	seguridad ciudadana (f.) 公民安全
medidas de seguridad (f.pl.) 安全措施	personas discapacitadas (f.pl.) 残障人士
personas en paro (f.pl.) 失业人士	
servicio de recogida de basura (m.) 垃圾收集服务	
personas sin recursos económicos (f.pl.) 没有经济来源的人	

Escuchará cada frase dos veces. Después, completa cada hueco con las palabras correspondientes. 每个句子听两遍。之后，用相应的单词填空。

Sustantivo 名词

1. Raúl construyó un chalé de _____ al lado de una montaña alta.
2. Lucas ganó la vida trabajando en _____.
3. El primo de Salvador compró _____ para construir su casa.
4. La vendedora de la agencia _____ mostró varias propiedades a su cliente.
5. El cuñado de Amelia reparó la _____ del techo con la ayuda de su padre.
6. Amelia se instaló en un _____ en el centro de la ciudad.
7. La tía de Valentina tomó el sol en el _____ de su casa.
8. Esta chica joven descansó en su _____ después de un largo día de trabajo.
9. Aaron rompió la tubería mientras trabajaba en _____.
10. El suegro de Mario contrató a un _____ para construir una nueva habitación.
11. Elena decidió compartir su _____ con una compañera de piso.
12. Ofrecer _____ a Claudia resultó en una experiencia agradable para ambas partes.
13. Carlos ha encontrado una _____ al lado de su universidad.
14. Aaron ha pagado los _____ en efectivo.
15. Para obtener una _____ en el país, es necesario tener permiso para trabajar y cotizar en la seguridad

social.

16. El _____ que contrataron para el edificio es extremadamente eficiente en su trabajo.

17. Marco ha decidido alquilar una _____ en la playa para pasar las vacaciones de verano.

18. Diego está limpiando el suelo de la cocina con una _____.

19. Lucas ha encontrado una _____ en el centro de la ciudad.

20. Harry Potter montó en su _____ y voló por encima del campo de Quidditch.

21. Amelia ha conseguido el _____ necesario para completar su proyecto de renovación de la casa.

22. Camelia ilumina la _____ con una linterna.

23. Mateo limpió dos _____ sucios con esmero.

24. La casa de mi vecina es _____.

25. La tía de Valentina usó el _____ para ahuyentar pájaros.

26. El hermano de Felisa vive en una casa _____.

27. Esta chica joven vendió su _____ coche para comprar una casa más grande.

28. El primo de Salvador abandonó el edificio por la _____.

29. La prima de Mario pagó una gran cantidad de dinero a una _____.

30. Camelia entró en la habitación y se sorprendió por lo _____ que era.

31. El suegro de Mario lavó la ropa con _____.

32. El primo de Salvador puso _____ en la lavadora para que la ropa oliera bien.

33. Avisaré a Mónica sobre la reunión de la _____.

34. Marco descubrió la _____ en la cocina y decidió limpiarla inmediatamente.

35. Comprar el _____ para la prima de Mario fue una tarea complicada.

36. La _____ puede dañar los ojos si se expone durante mucho tiempo.

37. El suegro de Mario preparó un _____ exquisito para la fiesta de Navidad.

38. La casa tiene un _____ y acogedor.

39. Ignacio se durmió en un ambiente _____.

40. Al parpadear la _____ en la habitación, sentí un escalofrío.

41. Dales _____ a sus padres de mi parte.

42. El _____ se quedó sin batería cuando preparaba la cena.

43. El cuñado de Ignacio utilizó la _____ para preparar la cena.

44. Jorge fue torturado por el sonido de la _____ de carne durante horas.

45. Camelia se dio cuenta de que el _____ estaba debajo de la mesa.

46. Al llamar al _____, el padre de Lucas se dio cuenta de que había perdido las llaves de su casa.

47. La tía de Valentina hizo tortilla de patatas con la ayuda de una _____.

48. La madre de Camelia decidió regalarle una _____ para su próxima expedición de camping.

49. Aquel chico disparó a una _____ en la calle y fue multado por la policía local.

50. Cecilia decidió instalar un _____ adicional en su habitación.

51. Mariio inventó un _____ el año pasado.

52. El _____ se cayó mientras entregaba paquetes.

53. Elena rompió accidentalmente el _____ de su cargador.

54. El gobierno decidió fabricar más _____.

55. La prima de Mario arrojó la basura un _____ adecuado.

56. Amelia decidió mezclar diferentes tipos de basura en el _____.

57. El _____ se quemó solo.

58. Amelia perdió la _____ debido a un error en la dirección de envío.

59. La tía de Valentina trabajó en una _____ durante varios años.

60. La _____ retrasó el pedido debido a un terremoto.

61. El _____ se enfadó con el cliente por no haber dejado suficiente espacio para el buzón.

62. El _____ ordenó a los estudiantes que completaran la tarea lo antes posible.

63. Hugo pagó los _____ para asegurarse de que su paquete llegara a tiempo.

64. El _____ llegó puntualmente a pesar de las condiciones climáticas adversas.

65. El _____ ayudó a la familia a encontrar una vivienda adecuada.

66. Susana envió una _____ a su abogado para solicitar asesoramiento legal.

67. El primo de Salvador escribió una _____ a su abuela para contarle sobre su viaje.

68. Mateo fabricó una _____ personalizada para proteger sus objetos de valor.

69. Eva envió una _____ a su confidente.

70. Ana hizo el _____ de la factura pendiente para evitar cargos adicionales.

71. La madre de Camelia compró un piso con todos sus _____.

72. Mónica se comprometió a realizar el _____ correspondiente por adelantado.

73. La tía de Valentina manipuló el _____ de su hija para evitar que nadie se beneficiara de él.

74. Jorge solicitó un _____ para solucionar un asunto privado.

75. La madre de Camelia perdió su trabajo, pero pagó puntualmente la _____ de su casa.

76. El _____ funciona de manera eficiente.

77. Marco decidió pedir un _____ para poder comprar una casa en la playa.

78. El primo de Salvador perdió su _____ cuando viajaba en metro.

79. El _____ decidió abandonar el proyecto lo antes posible.

80. El _____ debe asumir los riesgos asociados con la construcción de este edificio.

81. A pesar de que Aaron cobra _____, tiene dificultades para ahorrar dinero.

82. Diego logró obtener _____ gracias a su habilidad para invertir en la bolsa de valores.

83. El cuñado de Diego decidió abrir una _____ en un banco local.

84. El _____ está investigando un caso de fraude financiero que involucra a varias empresas locales.

85. El _____ ordenó detener al sospechoso de robo.

86. El _____ está trabajando arduamente para proteger a los líderes mundiales.

87. La policía tuvo que disparar al _____ cuando intentaba escapar de la escena del crimen.

88. El _____ fue capturado en su escondite secreto.

89. Daniel lideró la operación para destruir una _____.

90. La _____ constante del vecindario sobre mi casa me hace sentir incómodo.

91. El primo de Salvador ofreció _____ a su familia durante la crisis.

92. Aquel chico alto fue contratado para proteger la _____ en este evento.

93. El suegro de Mario infringió _____ de su empresa.

94. La _____ de los derechos humanos es un tema muy delicado en la política internacional.

95. Elena experimentó un _____ en el metro.

96. Santiago fue condenado por un _____ deliberado.

97. Julio está buscando _____ para resolver el caso de desaparición de su hermana.

98. Raúl tiene una _____ sólida para demostrar su inocencia en el juicio.

99. Emilio dejó una _____ en la escena del crimen que lo incriminó.

100. Esta chica joven proporcionó una _____ crucial que ayudó a resolver el caso.

101. Mónica tomó _____ adicionales después de ser amenazada por un acosador.

102. Cecilia hizo un _____ del sospechoso basado en la descripción de los testigos.

103. Susana no trabajará en la _____.

104. La _____ no puede disparar sin justificación.

105. Elena trabaja para facilitar la _____ social de los inmigrantes en esta comunidad.

106. El fenómeno de la _____ es serio en algunas zonas urbanas.

107. Es ilegal que los _____ consuman bebidas alcohólicas.

108. Un grupo de _____ abrió un restaurante en el centro de la ciudad.

109. Es importante ceder el asiento a las _____ en el transporte público.

110. La demencia no siempre significa _____.

111. La empresa decidió contratar a _____ para un nuevo proyecto.

112. Hacer descuentos para la _____ es una buena estrategia de marketing.

113. La calle estaba oscura, pero la _____ la iluminaba.

114. Es importante ayudar a las _____.

Verbos y locuciones 动词和短语

pedir un préstamo 借款；贷款	invertir dinero 投资	trasladarse a 搬迁；迁移
firmar un cheque 签支票	domiciliar un recibo 自动扣款	quitar el polvo 除尘
poner una denuncia 报警	retirar dinero 取钱	reformar (*tr.*) 翻新
apoyar (*tr.*) 拥护；支持	confesar (*tr.*) 坦白	dar a la calle 出门；朝向街道
colaborar (*tr.*) 合作	cooperar (*tr.*) 合作；协作	vivir de alquiler 租房
recoger la basura 清理垃圾	barrer las calles 清扫街道	convivir (*tr.*) 合租
envío contra reembolso 货到付款	cubrirá los gastos del accidente 承包事故保额	
interrogar a un sospechoso 询问嫌疑人	encontrar una pista 发现一个线索	
cotizar a la Seguridad Social 缴纳社保	regar las zonas verdes 浇灌绿地	
amueblar una habitación 布置房间；装饰房间	firmar un contrato de alquiler 签租房合同	
tener la casa recogida 把家收拾好	dejar la cama hecha 整理好床铺	
estropearse el electrodoméstico 损坏家电	tener la mesa puesta 摆好桌子	
perder el empleo de forma temporal 暂时失业	hacer una transferencia 转账	
cobrar el subsidio de desempleo 领取失业救济金		

Verbos y locuciones 动词和短语

1. Por favor, confirma si deseas utilizar el servicio de _____ antes de realizar tu pedido.

2. Camelia _____ en un proyecto que tiene el potencial de generar grandes beneficios.

3. El primo de Salvador _____ al banco esta mañana.

4. Aaron _____ para asegurarse de que su factura se pague a tiempo.

5. Lucas _____ de un millón de euros.

6. Santiago _____ del cajero automático para pagar sus gastos diarios.

7. Selina _____ en la comisaría después de ser víctima de un robo.

8. La compañía de seguros _____ del coche de Santiago.

9. La esposa del _____ por la policía.

10. Javier fue detenido después de que la policía _____ que lo vinculaba al crimen.

11. Los padres de Claudia _____ su decisión de estudiar en el extranjero.

12. Luis _____ un secreto que había estado guardando durante años.

13. Mi jefe _____ con una empresa de compraventa.

14. Los compañeros de trabajo de Santiago y Pedro _____ para completar el proyecto a tiempo.

15. El suegro de Mario debe _____ para poder recibir atención médica gratuita.

16. La tía de Valentina se dedica a _____ todos los días.

17. Alonso _____ con muebles de alta calidad.

18. Daniel y Alonso se encargan de _____ todos los días.

19. Mi mamá siempre _____ en casa.

20. El cuñado de Victoria _____ el baño para que sea más moderno y cómodo.

21. Después de graduarse, el estudiante recién graduado decidió _____.

22. El inquilino debe _____ antes de mudarse a la nueva casa.

23. Los padres de Daniel han aprendido a _____ y respetarse mutuamente.

24. Camelia decidió _____ otra ciudad y buscar nuevas oportunidades de trabajo.

25. La casa nueva que compraron ellos _____.

26. Raquel se dedica a _____ de los muebles.

27. Los primos, que son muy ordenados, siempre _____ y limpia.

28. Antes de salir de casa, los niños tienen que _____ y ordenar sus juguetes.

29. Mateo, al intentar arreglar el _____, _____ aún más.

30. Para recibir a sus invitados, los comensales _____ con su mejor vajilla.

31. Después de varios trámites, finalmente Claudia pudo _____.

32. Santiago _____ debido a la crisis económica.

33. Ana _____ urgente a la cuenta del acreedor.

Tarea 1 (opción 8) Comprar una vivienda o alquilarla

Instrucciones

Situación: La compra de una vivienda es una de las decisiones financieras más importantes a las que nos enfrentamos a lo largo de nuestra vida. Cuando todo el mundo pensaba que la pandemia cambiaría nuestra manera de afrontar esta decisión, los datos confirman que la compra de vivienda nueva creció un 25% durante el primer trimestre de 2021 y que los alquileres han experimentado una caída del 15% en Beijing y Shanghai. Sin embargo, la vuelta del turismo augura nuevas subidas para finales de año. Ante este panorama, la eterna pregunta sobre si es mejor comprar una casa o vivir de alquiler vuelve a resonar en nuestras cabezas más fuerte que nunca. Dada la grave situación actual, en un programa en que han participado un grupo de economistas prestigiosos de China han ofrecido una serie de propuestas a la población para afrontar este dilema.

| Monólogo 独白部分

Lea las propuestas. Después, durante unos 3 minutos, explique las ventajas y desventajas que cree que tienen. Por favor, hable como mínimo de cuatro de las cinco propuestas. Finalmente, hablará con el entrevistador sobre el tema. Con el fin de preparar su monólogo, tras analizar cada propuesta, debe reflexionar: por qué le resulta una buena propuesta y qué desventajas tiene; si puede generar otros problemas o traer algunas consecuencias; si hace falta destacar algo, etc. 阅读下列建议。之后，在三分钟左右的时间内，您需要解释这些建议中的好处和坏处。请至少分析五条建议中的四条。最后，请与考官交谈关于准备的主题。为了准备好个人独白部分，在分析完每条建议之后，您必须思考为什么您觉得这是一条好的建议或者它有什么坏处，又或者这条建议会导致出现什么问题，什么结果，或者您觉得需要强调某个点。

Primera propuesta

Sería mejor alquilar una casa, porque hipotecarse por encima de sus posibilidades le puede salir mucho más caro que el alquiler.

Segunda propuesta

Sin la ayuda de los padres, es imposible que los jóvenes compren una vivienda por su cuenta, ya que los escasos salarios y la incertidumbre laboral son dificultades evidentes que impiden que tengan una casa propia.

Tercera propuesta

Es urgente que las autoridades de cada país empiecen a construir viviendas económicas y asequibles para personas que no tienen trabajos estables o las que disponen de pocos recursos económicos.

Cuarta propuesta

Sería una utopía hablar de cómo comprar una vivienda, porque antes habría que solucionar una serie de problemas sociales, tales como la emancipación fracasada de los jóvenes, el paro juvenil o las prácticas no pagadas.

Quinta propuesta

Adquirir una vivienda propia no es beneficioso para los jóvenes, por lo que es mejor alquilar una casa que comprarla.

Preguntas para el entrevistador 考官问题
（请扫描右侧的二维码）

Extrategias 应答技巧

expresar concesión 表让步

1. a pesar de que 不顾；不管；尽管
   A pesar de que no podemos asegurar que nunca vaya a producir una reacción alérgica en una persona determinada, una reacción de este tipo es muy poco probable
   尽管我们无法确保它绝不会让某个人起过敏反应，类似这种反应的可能性还是很小的。

2. aunque 虽然；尽管；即使

Aunque estamos en agosto, no hace nada de calor.
虽然现在是八月，但是天气一点都不热。

3. mal que 虽然；即使
Debería hacer esta prueba mal que no quiera.
即使您不想，也要做这个测试。

4. por más que 尽管；不管
Este chico no estudia mucho, pero por más que estudiara, no podría sacar buenas notas.
那孩子学习不努力，不过即使他学得再努力，也无法获得高分。

5. por mucho que 不管怎样；尽管
Por mucho que pretenda disimular su alegría, es evidente que está contenta.
尽管她试图掩饰她的喜悦，她的开心显而易见。

6. si bien es cierto 即使；尽管
Si bien es cierto que Andalucía es conocida por su paisaje, prefiero quedarme en casa viendo la tele.
尽管安达鲁西亚以景色宜人闻名，我还是更喜欢待在家里看电视。

7. y eso que 尽管；竟然
¿Te has comido un pato asado entero? Y eso que dices que no tienes hambre.
你吃了一整只烤鸭？你竟然还说你不饿。

8. y mira que 尽管；虽然
Has vuelto a fumar, y mira que te he advertido muchas veces.
你又开始抽烟了，尽管我已经提醒过你很多次。

expresar tiempo 表时间

1. a medida que 随着
La cantidad necesaria de sueño cambia a medida que el niño crece.
随着年龄的增长，孩子睡眠的时间会发生改变。

2. antes de que 在……之前
Quiero irme de aquí antes de que llegue María.
我要在玛丽亚来之前离开这里。

3. apenas 一……就……
Apenas llega a casa, se pone a llorar.
他一到家就哭了起来。

4. cuando 当……时候
Cuando tengas tiempo libre, te invitaré a comer.
等你有空时我请你吃饭。

5. desde que 自从……起

Los compañeros dejan de hablar con Juan desde que lo han ascendido.

胡安升职后，同事们便不再与他交谈。

6. después de que 在……之后

Me fui después de que llegaran los ingenieros.

我是在工程师们来之后走的。

7. en cuanto 一……就……；每当

En cuanto llamo a mi hijo, se ríe y corre hacia mí.

每当我呼唤我儿子的时候，他就会笑着奔向我。

8. hasta que 直到……

El niño no comió nada hasta que su madre le compró un helado.

孩子什么也不吃，直到他的妈妈给他买了一个冰淇淋。

9. mientras 与此同时

Me gusta escuchar música mientras limpio la casa.

我喜欢边听音乐边打扫家。

10. no bien 一……就……

Se ríe no bien llega su padre.

他父亲一来他就笑了。

Tarea 2 (opción 8) Conflicto laboral

Instrucciones

Situación: Se ve a dos personas que están en una oficina, parece que son compañeros y están discutiendo.

Monólogo 独白部分

Imagine la situación y descríbala durante 2 o 3 minutos. Estos son los aspectos que debe comentar:

想象一下下列场景并在两到三分钟的时间内对照片展开描述，描述时必须包含下列问题：

1. ¿Cuál es la relación entre las personas de la foto? ¿Dónde están exactamente?

2. ¿Qué trabajo realizan las personas de la foto? ¿Por qué?

3. ¿Qué están haciendo? ¿Cree que la discusión forma parte de su jornada laboral?

4. ¿Cómo se siente el hombre? ¿Y la mujer? ¿Por qué?

5. ¿Qué ha ocurrido? ¿Por qué el hombre que está a la izquierda de la foto mira a su compañera y espera su reacción?

6. ¿Qué ha pasado antes? ¿Por qué han llegado a esta situación?

7. ¿Qué se dicen? ¿Y qué está pensando cada uno?

8. ¿Cree que los trabajadores de la foto se discuten con frecuencia? ¿Por qué?

9. ¿Qué va a pasar finalmente? ¿Cree que las personas de esta foto se van a poner de acuerdo o seguirán enfadándose? ¿Por qué?

Conversación 交谈部分

Cuando el candidato termine su monólogo, el entrevistador le hará algunas preguntas sobre el tema durante unos 3 minutos. La duración total de esta prueba es de 7 minutos, más o menos. 当考生结束个人独白部分之后，考官会根据考生所选主题对其进行三分钟的提问。独白和询问问题的部分总共会持续七分钟左右。

Preguntas para el entrevistador 考官问题
（请扫描右侧的二维码）

Tarea 3 (opción 8) Ambiente escolar

Este es un cuestionario realizado por varios colegios (públicos y privados) a los niños de entre 8 y 14 años o a sus padres para conocer la opinión sobre el ambiente escolar.

Primera encuesta 第一张调查问卷

¿Cree que los niños disfrutan yendo a la escuela?

1. Mucho
2. Nada en absoluto
3. Un poco
4. Algo
5. Muchísimo

¿Cree que los niños muestran respeto hacia los docentes?

1. Algo de respeto
2. Muy poco respeto
3. Mucho respeto
4. Una enorme cantidad de respeto
5. Casi ningún respeto

¿Cree que las lecciones en la escuela de su hijo son motivadoras?

1. Nada motivadoras

2. Poco motivadoras

3. Algo motivadoras

4. Muy motivadoras

5. Extremadamente motivadoras

Segunda encuesta 第二张调查问卷
¿Cree que los niños disfrutan yendo a la escuela?

1. Mucho 15%

2. Nada en absoluto 35%

3. Un poco 20%

4. Algo 18%

5. Muchísimo 12%

¿Cree que los niños muestran respeto hacia los docentes?

1. Algo de respeto 35%

2. Muy poco respeto 20%

3. Mucho respeto 25%

4. Una enorme cantidad de respeto 15%

5. Casi ningún respeto 5%

¿Cree que las lecciones en la escuela de su hijo son motivadoras?

1. Nada motivadoras 20%

2. Poco motivadoras 25%

3. Algo motivadoras 35%

4. Muy motivadoras 15%

5. Extremadamente motivadoras 5%

Preguntas para el entrevistador 考官问题
（请扫描右侧的二维码）

Unidad 9 Higiene y salud
第九单元 卫生与健康

Vocabulario 词汇表

higiene (f.) 卫生	sombra de ojos (f.) 眼影	esencia (f.) 精华
hilo dental (m.) 牙线	laca (f.) 发胶；发蜡	sales de baño (f.) 浴盐
lima (f.) 指甲锉	gomina (f.) 发蜡	tijeras (f.pl.) 剪刀
crema solar (f.) 防晒霜	sauna (f.) 桑拿	cortaúñas (m.) 指甲刀
cabina de ducha (f.) 浴室	granos (m.pl.) 粉刺	jacuzzi (m.) 按摩浴缸
crema limpiadora (f.) 清洁霜	gel fijador (m.) 定型水	pelo graso (m.) 油性头发
colorete (m.) 胭脂；腮红	hidromasaje (m.) 水疗	maquillaje (m.) 化妆
balneario (m.) 温泉疗养地	rímel (m.) 睫毛膏	melena (f.) 披肩发
crema hidratante (f.) 保湿霜	crema suavizante (f.) 护发素	centro de belleza (m.) 美容院
cosmética natural (f.) 天然化妆品		dientes amarillentos (m.pl.) 黄牙
bañera de hidromasaje (m.) 水疗浴缸		

Escuchará cada frase dos veces. Después, completa cada hueco con las palabras correspondientes.
每个句子听两遍。之后，用相应的单词填空。

Sustantivo 名词

1. Cuidar la _____ es fundamental para cualquier persona.
2. Amelia es una experta en extraer la _____ de las plantas.
3. La prima de Mario rompió el _____ al intentar limpiar sus dientes.
4. La madre de Camelia disfruta masajeando su cuerpo con _____ .
5. La _____ de acero, utilizada por el carpintero, dejó la madera tan lisa como la piel de un bebé.
6. El primo de Salvador cortó su cabello con unas _____ nuevas que compró en un centro comercial.
7. La tía de Valentina instaló una _____ en su casa.
8. ¿Has visto mi _____ por alguna parte?
9. Raúl se cae en una _____ después de hacer ejercicio en el gimnasio.
10. La instalación del _____ en el baño requiere una gran cantidad de espacio.
11. Camelia se da cuenta de que tiene los _____ , por eso va al dentista.
12. Eva se lava el _____ con un champú especial.
13. Cecilia unta el _____ en sus mejillas.
14. La tía de Valentina usa _____ para ocultar las arrugas.

15. Elena pinta sus párpados con _____.

16. La prima de Mario se tiñe la _____ de rubio.

17. Elena usa _____ para mantener su peinado durante todo el día.

18. Cecilia ha perdido un _____ en el coche de su hermana y ahora no puede encontrarlo.

19. El primo de Salvador se pone _____ en el cabello y ahora está más guapo que antes.

20. Marco usa _____ para mantener su cabello corto en su lugar.

21. Me alegro de que la _____ esté en el centro de la ciudad.

22. Emilio disfruta de un relajante _____ después de un largo día de trabajo.

23. Amelia opera su propio _____ y ofrece una amplia gama de servicios.

24. Mónica prefiere usar _____ porque es ecologista.

25. Santiago decide ir al hospital para tratar sus molestos _____ en la piel.

26. Amelia planea ir al _____ a fin de relajarse y disfrutar del agua termal.

27. Esta joven protege su piel con una _____ suave.

28. Selina cuida su piel con una _____ rica en nutrientes y vitaminas.

29. Elena compró una _____ de alta protección.

30. La madre de Camelia limpia su cabello con una _____.

Verbos y locuciones 动词和短语

recortar el bigote 修剪胡子	limar las uñas 用指甲刀锉指甲
desenredar el cabello 梳头	ponerse guapo 打扮的帅气（漂亮）
mantenerse joven 保持年轻	darse una ducha fría 洗冷水浴
cambiar de peinado 更换发型	darse un masaje terapéutico 按摩
relajarse un baño de espuma 洗泡泡浴	

Verbo y locuciones. 动词和短语。

1. El primo de Salvador _____ en una peluquería.

2. Ana _____ cuidadosamente, porque hay poca luz.

3. La madre de Camelia _____ con paciencia y suavidad.

4. Julio _____ con ropa de moda.

5. Mantener una actitud positiva es clave para _____ y saludable.

6. Aaron _____ en la terraza porque es verano.

7. Mónica _____ con frecuencia porque su padre es peluquero.

8. El suegro de Mario _____ tras una operación.

9. Diego _____ de espuma en un hotel de cinco estrellas.

Tarea 1 (opción 9) Higiene personal y salud física

Instrucciones

Situación: La higiene personal no sólo es sinónimo de limpieza sino también de salud. La falta de higiene no pasa desapercibida. Es una práctica que debería adquirir gran importancia en la vida de los seres humanos, ya que la ausencia de esta puede acarrear importantes consecuencias negativas para el organismo y la sociedad en su conjunto. Gracias a la concepción de la higiene como ciencia han sido prevenidas muchas enfermedades y en muchos casos los porcentajes han disminuido de manera notable. La higiene hace referencia a la rama de la medicina que tiene como fin la prevención de enfermedades y la conservación de la salud, ya sea visto desde los aspectos personales como los ambientales. Concretamente el término higiene se refiere a aquellas prácticas que incluyen la limpieza y aseo personal, de hogares y espacios públicos. Por eso, un grupo de médicos prestigiosos de China han ofrecido una serie de propuestas a la población para solventar problemas relacionados con la higiene. (Fuente: infomed)

Monólogo 独白部分

Lea las propuestas. Después, durante unos 3 minutos, explique las ventajas y desventajas que cree que tienen. Por favor, hable como mínimo de cuatro de las cinco propuestas. Finalmente, hablará con el entrevistador sobre el tema. Con el fin de preparar su monólogo, tras analizar cada propuesta, debe reflexionar: por qué le resulta una buena propuesta y qué desventajas tiene; si puede generar otros problemas o traer algunas consecuencias; si hace falta destacar algo, etc. 阅读下列建议。之后，在三分钟左右的时间内，您需要解释这些建议中的好处和坏处。请至少分析五条建议中的四条。最后，请与考官交谈关于准备的主题。为了准备好个人独白部分，在分析完每条建议之后，您必须思考为什么您觉得这是一条好的建议或者它有什么坏处，又或者这条建议会导致出现什么问题，什么结果，或者您觉得需要强调某个点。

Primera propuesta
Debemos lavarnos las manos al regresar de la calle, antes de comer y después de ir al lavabo. Si uno tiene condiciones, debería desinfectar todos los productos y alimentos que ingresen a su casa.

Segunda propuesta
La ducha diaria es una costumbre que se debe establecer en cada familia, especialmente después de la realización de deporte.

Tercera propuesta
El cuidado de las uñas de las manos y los pies es un asunto que pasa desapercibido por mucha gente, sobre todo en las ciudades, donde casi todo el mundo está ocupado en sus quehaceres.

Cuarta propuesta
Ir al dentista se ha convertido en un lujo en el siglo XXI, por lo tanto, deberíamos cepillarnos bien los dientes después de cada comida.

Quinta propuesta
Sería imprudente utilizar bastoncillos u objetos metálicos para la limpieza de los oídos, ya que es posible que nos hagan daños irreversibles.

Preguntas para el entrevistador 考官问题
（请扫描右侧的二维码）

dar explicaciones 解释说明

1. es decir 也就是说
Nos vamos dentro de tres días, es decir, el sábado.
我们三天后出发，也就是说，周六。

2. o sea 换言之
Podemos dar clases en línea, o sea, sin ir a la universidad.
我们可以上网课，也就是说，不用去大学了。

3. en otras palabras 换言之
En otras palabras, el pueblo está deseando tener un rumbo en la vida después del terremoto.
换言之，民众希望在震后的生活中有奔头。

4. dicho de otra manera 换一种说法就是
Dicho de otra manera, es posible que los inversores extranjeros abandonen este proyecto.
换一种说法就是，外籍投资者有可能放弃这项计划。

5. como se ha dicho 如上所述
Como se ha dicho, todavía hay demasiadas armas que acaban en las manos equivocadas.
如上所述，仍有大量武器落入坏人手中。

6. con esto quiero decir 我就是想说
Con esto quiero decir que Messi se llevará la Copa Mundial a casa este invierno.
我就是想说，梅西会在这个冬天把世界杯带回家。

7. esto es 这就是说
El día diecisiete, esto es, el jueves de la semana que viene, iré a verte.
十七号，这就是说，下个礼拜四，我去看你。

8. en otros términos 用其它方式解释就是
En otros términos, la vida de estas células es muy corta.
用其他方式解释就是，这些细胞的生命非常短暂。

introducir una idea nueva 插入新的建议

1. acerca de 关于
María ha contratado a dos canguros acerca de su hijo recién nacido.
玛丽亚为他刚出生的孩子请了两个保姆。

2. con respecto a 关于；有关；至于
Es imposible salir ileso con respecto a este peligro.
他不可能从这次危险中全身而退。

3. en cuanto a 关于；至于

En cuanto a la cuestión de la oportunidad, desafortunadamente no la tengo.
关于机会的问题，不幸的是我无法拥有。

4. en relación con 关于；至于；与……有关的
La policía interrogó a un hombre en relación con un robo.
警察就一起盗窃案盘问了一个男人。

5. por lo que se refiere a 关于
Por lo que se refiere a su desaparición, su marido todavía no se ha enterado.
关于她失踪这件事，她的丈夫还蒙在鼓里。

6. sobre 关于
La escritora reveló algunos detalles sobre su nuevo libro.
女作家透露出一些关于她新书的细节。

Tarea 2 (opción 9) Comer en casa

Instrucciones

Situación: Se ve a tres personas que están en una cocina o un comedor, parece que están preparando algo para comer.

Monólogo 独白部分

Imagine la situación y descríbala durante 2 o 3 minutos. Estos son los aspectos que debe comentar:
想象一下下列场景并在两到三分钟的时间内对照片展开描述，描述时必须包含下列问题：

1. ¿Cuál es la relación entre las personas de la foto? ¿Dónde están exactamente?
2. ¿Por qué las niñas de la foto están muy contentas?
3. ¿Qué están haciendo? ¿Por qué la mujer de la foto rompe un huevo desde una altura exagerada?
4. ¿Cree que las personas de la foto saben cocinar? ¿Por qué?
5. ¿Cree que cocinar jugando forma parte de su vida cotidiana? ¿Por qué?
6. ¿Dónde han aprendido las recetas? ¿Y dónde han comprado los alimentos y los condimentos que están

encima de una mesa grande?

7. ¿Qué se dicen? ¿Y qué está pensando cada persona?

8. ¿Cree que la mujer de la foto se enfadará con las niñas porque se han ensuciado las manos y los rostros tocando los alimentos? ¿Por qué?

9. ¿Qué va a pasar finalmente? ¿Cree que las personas de esta foto conseguirán preparar una buena tarta o fracasarán? ¿Por qué?

Conversación 交谈部分

Cuando el candidato termine su monólogo, el entrevistador le hará algunas preguntas sobre el tema durante unos 3 minutos. La duración total de esta prueba es de 7 minutos, más o menos. 当考生结束个人独白部分之后，考官会根据考生所选主题对其进行三分钟的提问。独白和询问问题的部分总共会持续七分钟左右。

Preguntas para el entrevistador 考官问题
（请扫描右侧的二维码）

Tarea 3 (opción 9) Uso de transportes públicos
Este es un cuestionario realizado por una comunidad de vecinos a los residentes para conocer su opinión sobre el uso de transporte público en su vida cotidiana.

Primera encuesta 第一张调查问卷
Si usted usa el transporte público: ¿cuáles son sus razones para escogerlo?
1. Para ahorrar dinero
2. Por razones ambientales
3. No puedo conducir por mi edad o discapacidad
4. No tengo carné de conducir
5. El transporte público es lo más conveniente para mí
6. Otras razones

Si usted no usa el transporte público, ¿cuáles de las siguientes mejoras aconsejaría usted a los servicios de transporte?
1. Mejor disponibilidad de servicios cerca de mi casa/escuela/trabajo
2. Mejor acceso a la información sobre los servicios
3. Mejor conectividad al área metropolitano
4. Viaje a casa garantizado para urgencias/horas extra
5. Mejor seguridad a bordo de los vehículos
6. Servicio más temprano en la mañana
7. Vehículos menos llenos

Segunda encuesta 第二张调查问卷
Si usted usa el transporte público: ¿cuáles son sus razones para escogerlo?
1. Para ahorrar dinero 35%

2. Por razones ambientales 15%

3. No puedo conducir por mi edad o discapacidad 3%

4. No tengo carné de conducir 17%

5. El transporte público es lo más conveniente para mí 25%

6. Otras razones 5%

Si usted no usa el transporte público, ¿cuáles de las siguientes mejoras aconsejaría usted a los servicios de transporte?

1. Mejor disponibilidad de servicios cerca de mi casa/escuela/trabajo 25%

2. Mejor acceso a la información sobre los servicios 3%

3. Mejor conectividad al área metropolitano 12%

4. Viaje a casa garantizado para urgencias/horas extra 10%

5. Mejor seguridad a bordo de los vehículos 13%

6. Servicio más temprano en la mañana 17%

7. Vehículos menos llenos 20%

Preguntas para el entrevistador 考官问题

（请扫描右侧的二维码）

Unidad 10 Compras y tiendas

第十单元 购物和商店

Vocabulario 词汇表

comercio (m.) 贸易；商场	estampado (m.) 图案	bata (f.) 白色的工作服
mercancía (f.) 商品；货物	vitamina (f.) 维生素	clientela (f.) 顾客；主顾
alarma (f.) 警报	fibra (f.) 纤维	distribución (f.) 分配；分销
producto (m.) 产品	producto natural (m.) 天然产品	aguja (f.) 针
albornoz (m.) 睡衣	alimento básico (m.) 主食	alfiler (m.) 别针
artículo (m.) 商品	recibo (m.) 收据	hilo (m.) 线
establecimiento (m.) 机构；商号	factura (f.) 发票	percha (f.) 衣架
conjunto (m.) 成套的衣服	presupuesto (m.) 预算	descosido (m.) 脱线；破洞
camisón (m.) 长衬衫	reparto (m.) 分发；分配	proteína (f.) 蛋白质
consumidor/a (m.f.) 消费者	etiqueta (f.) 标签	calcio (m.) 钙
horario comercial (m.) 营业时间	cadena (f.) 链子	producto alimenticio (m.) 食品
delantal (m.) 围裙	complementos (m.) 补充物	alimento ligero (m.) 轻食
cremallera (f.) 拉链	calzador (m.) 鞋拔子	cheque (m.) 支票
ropa de montaña (f.) 登山服	ropa de temporada (f.) 当季服装	
horario continuo (m.) 连续工作时间	alimento nutritivo (m.) 有营养的食物	
zapatos abiertos (m.pl.) 开放式鞋子	zapatos cerrados (m.pl.) 封闭式鞋子	
condiciones de pago (f.pl.) 支付条件	alimento sin colorantes (m.) 不含色素的食品	
alimento sin conservantes (m.) 不含防腐剂的食品		

Escuchará cada frase dos veces. Después, completa cada hueco con las palabras correspondientes.
每个句子听两遍。之后，用相应的单词填空。

Sustantivo 名词

1. Mateo hizo un _____ por Internet cuando llegó a casa.
2. Santiago hizo el _____ de los productos a tiempo.
3. Daniel se apoderó de la _____ sin permiso.
4. Cecilia diseñó una _____ elegante para su nuevo producto.
5. La _____ sonó en el edificio debido a un incendio.
6. Aaron regaló una _____ de oro a su esposa en su aniversario.

7. El _____ de alta calidad de la empresa atrae a muchos clientes.

8. Ana compró algunos _____ en la tienda de su suegra.

9. Eva puso el _____ después de ducharse.

10. Marco usó un _____ para ponerse los zapatos nuevos.

11. Diego compró un _____ de lujo en la tienda de la esquina.

12. Emilio trabaja en _____ en una fábrica de automóviles.

13. Raúl abrió un _____ en el centro de la ciudad.

14. Hugo se viste con una _____ médica delante del espejo.

15. Susana hizo un _____ de ropa para su desfile de moda.

16. Ignacio amplió su _____ gracias a su excelente servicio.

17. Anisa puso su _____ de seda rojo antes de acostarse.

18. Mónica se preocupa por la _____ de sus productos en el mercado.

19. Amelia se comunica con los _____ a través de las redes sociales.

20. Jorge encontró una _____ después de buscar durante horas.

21. Sin enterarse de la existencia de la leyenda, Camelia se adentró en la _____ sin precaución.

22. Lucas intentó fijar el _____ en la tela, pero sus dedos temblorosos lo hicieron imposible.

23. La prima de Mario manchó su _____ blanco con salsa de tomate mientras preparaba la cena.

24. El primo de Salvador rompió el _____ mientras cosía el botón en su camisa.

25. El padre de Lucas estropeó la _____ de su chaqueta al intentar abrocharla.

26. La prima de Mario rompió accidentalmente la _____ de madera mientras colgaba su abrigo nuevo en el armario.

27. El suegro de Mario vendía _____ en su tienda de deportes al aire libre.

28. La _____ de alta calidad puede volver loca a cualquier amante de la moda.

29. Daniel vende _____ de alta calidad.

30. Para Chloe, los _____ son más apropiados para eventos formales.

31. Nuestro gerente llevaba una camisa con _____ de leopardo en la reunión de negocios.

32. Mi vestido se ha _____ en la parte de atrás.

34. Los huevos contienen _____ .

35. La verdura contiene _____ , lo que ayuda a mantener una buena digestión.

36. Los adolescentes necesitan _____ para fortalecer sus huesos y dientes.

37. Cecilia consume _____ con frecuencia.

38. Luis etiqueta los _____ en su cocina.

39. Camelia consume _____ para satisfacer sus necesidades nutricionales diarias.

40. Aaron consume _____ cada día según las instrucciones de su entrenador.

41. Susana domicilia sus _____ para evitar retrasos en los pagos.

42. Mis abuelos cuidan su salud comiendo _____ y saludables.

43. Diego recibió la _____ y la revisó cuidadosamente.

44. Eva prefiere añadir _____ a su dieta.

45. La tía de Valentina hizo un _____ detallado antes de viajar.

46. Mi jefe retiró dinero del banco con un _____ .

47. Mi esposa prefiere _____ .

48. Rosa cumplió con todas las _____ y recibió su recompensa.

Verbos y locuciones 动词和短语

darse de sí （衣物等）膨胀；松垮	quedar ajustado （衣物等）穿着合适
echar un vistazo 扫一眼；瞅一眼	estar pasado de moda 过时的
limpiar en seco 干洗	hacer el pedido 下单
quedar flojo （衣物等）穿着松垮	llevar algo a la tintorería 把某物送去干洗店
estar en buenas condiciones 状况很好	pagar al contado 当面付清；现金支付
ser gratis 免费的	dejar una señal 付定金
hacer un presupuesto 做预算	dos por uno 买二付一
pagar a plazos 分期付款	poner una reclamación 投诉；申诉
solicitar tarjeta de cliente 申请用户卡	hacerse una idea 了解
ver escaparates 看橱窗	encoger (tr.) （衣物等）缩水
perder clientes 失去客户	ganar clientes 赢得客户
pedir el libro de reclamaciones 索要投诉书（意见簿）	

Verbo y locuciones 动词与词组

1. Mi toalla _____ .
2. Esta camiseta _____ .
3. Camelia _____ a las noticias cuando viaja en tren.
4. Los pantalones de vaquero _____ .
5. Mi madre se olvidó de _____ .
6. Mi hijo mayor _____ en línea para comprar los regalos de Navidad.
7. Los pantalones de mi primo _____ después de haber perdido peso.
8. La caravana que compré el año pasado no _____ y necesito repararla urgentemente.
9. Mi madre compró un coche de siete plazas y lo _____ .
10. Este periódico _____ y se puede recoger en cualquier quiosco de la ciudad.
11. Santiago _____ en la tienda.
12. El diseñador _____ detallado ante la pregunta de su jefe.
13. Diego compró _____ gracias a una oferta especial.
14. Prefiero _____ en lugar de hacer un pago único.
15. La tía de Valentina _____ en el restaurante por la mala calidad de la comida.
16. Santiago _____ para obtener descuentos en futuras compras.
17. Los estudiantes _____ clara sobre el tema después de la conferencia del profesor.
18. Mi hija le encanta _____ y siempre quiere entrar en las tiendas.
19. El jersey que compré en la tienda _____ después del primer lavado.
20. La estrategia de Camelia resultó una _____ habituales.
21. Elena implementó una nueva estrategia de marketing y logró _____ para la empresa.
22. Si no estás satisfecho con nuestro servicio, puedes _____ en la recepción.

Tarea 1 (opción 10) Comprar por internet o comprar en tiendas físicas

Instrucciones

Situación: El comercio es una actividad milenaria de los seres humanos y una de las primeras vías de socialización. Pero en las últimas décadas se vio alterado por una nueva forma: el comercio electrónico. La irrupción de internet modificó la manera de adquirir productos, ampliando las opciones entre compras en tienda física y online. Aunque al principio muchas personas desconfiaban del comercio en línea, la aparición de dispositivos como teléfonos inteligentes y tabletas, así como la llegada de nuevas generaciones, hacen que los números de ventas digitales aumenten vertiginosamente. Si bien es cierto que el comercio en línea se encuentra en su apogeo, las tiendas físicas todavía lideran. Esta semana, hemos hecho una encuesta a un grupo de consumidores de entre 20 y 50 años, como resultado, nos han ofrecido una serie de propuestas a la hora de hacer la compra.

Monólogo 独白部分

Lea las propuestas. Después, durante unos 3 minutos, explique las ventajas y desventajas que cree que tienen. Por favor, hable como mínimo de cuatro de las cinco propuestas. Finalmente, hablará con el entrevistador sobre el tema. Con el fin de preparar su monólogo, tras analizar cada propuesta, debe reflexionar: por qué le resulta una buena propuesta y qué desventajas tiene; si puede generar otros problemas o traer algunas consecuencias; si hace falta destacar algo, etc. 阅读下列建议。之后，在三分钟左右的时间内，您需要解释这些建议中的好处和坏处。请至少分析五条建议中的四条。最后，请与考官交谈关于准备的主题。为了准备好个人独白部分，在分析完每条建议之后，您必须思考为什么您觉得这是一条好的建议或者它有什么坏处，又或者这条建议会导致出现什么问题，什么结果，或者您觉得需要强调某个点。

Primera propuesta
Es inútil culpar a alguien por ir a probar un producto en una tienda y luego comprarlo donde le salga más barato. En una era digital, la venta ya nunca será una transacción, sino una relación.

Segunda propuesta
Para que una tienda online funcione, es necesario brindar información clara y visible al consumidor, así como ofrecerle un servicio ágil y útil.

Tercera propuesta
Si quiere vender sus productos, ha de saber entretener a los clientes, hoy en día, nadie acude a un bar para beber una cerveza fría, sino para disfrutar de una experiencia.

Cuarta propuesta
La seguridad y el asesoramiento personal son únicas razones por las que mucha gente sigue eligiendo tiendas físicas y no las virtuales.

Quinta propuesta
Para que las tiendas físicas no desaparezcan, hay que solucionar problemas relacionados con la ubicación. Ya que muchas de ellas están ubicadas en centros de ciudades, donde el flujo de tránsito es intenso. Además, las demoras, los ruidos y el estrés de conducir son obstáculos en caso de concurrir a estos espacios.

Preguntas para el entrevistador 考官问题
（请扫描右侧的二维码）

Expresar deseo 表愿望

1. querer que 希望
   Quiero que te quedes conmigo, Juan.
   胡安，我希望你能跟我待在一起。

2. desear que 希望
   Deseo que María llegue a casa con puntualidad.
   我希望玛丽亚准时到家。

3. tener ganas de que 希望
   Tengo ganas de que mis compañeros viajen conmigo.
   我希望我的同学们跟我一起旅行。

4. hacer ilusión 满怀喜悦
   Me hace ilusión que puedas casarte con un buen hombre.
   你能跟一个好男人结婚让我满心欢喜。

5. mi sueño es que 我的梦想是
   Mi sueño es que sean felices.
   我的梦想是希望他们快乐。

6. soñar con 幻想
   De pequeña, soñaba con ser pilto.
   小时候，我曾幻想自己成为飞行员。

7. preferir que 更希望，更愿意
   María prefiere que no se lo digas a nadie lo que ha ocurrido hoy.
   玛丽亚希望你别把今天发生的事告诉任何人。

8. ojalá 但愿，希望
   Ojalá pueda encontrar su mochila perdida.
   但愿他可以找到丢失的书包。

Expresar emociones y sentimientos 表情绪与情感

1. me gusta que 我喜欢的是，我希望的是
   Me gusta que mi padre grabe mis entrenamientos y mis partidos.
   我希望我爸爸录下我的训练和比赛。

2. me encanta que 我非常喜欢的是
   Me encanta que me den masaje, pero mis pies son muy sensibles.
   我非常喜欢别人给我按摩，但是我的脚非常敏感。

3. me agrada que 让我开心的是

Me agrada que hayas encontrado un nuevo pasatiempo.

我很高兴你找到了新的爱好。

4. alegrarse de que 令人开心的是

Me alegro de que ese día aún no haya llegado.

让我开心的是那一天始终没有到来。

5. me molesta que 让我感到厌烦的是

En realidad, no me molesta que el precio de esta bebida suba.

事实上我不会因这款饮料加价感到厌烦。

6. poner nervioso 感到紧张

Me pone nervioso que la gente grite en público.

人们在公共场所叫喊会让我感到紧张。

7. estar harto de que 忍受不了

Estoy harto de que se quede en casa viendo la tele todos los días.

我忍受不了他成天待在家里看电视。

8. tener miedo de que 让人害怕的是

Tengo miedo de que la situación del niño se empeore.

我害怕孩子的情况会恶化。

9. temerse que 担心

Me temo que después tengamos que volver a empezar desde cero.

我担心我们要从零开始。

10. asombrarse que 让人吃惊的是

Me asombra que estés en mi casa.

让我非常吃惊的是你在我家里。

11. extrañarse que 让人感到奇怪的是

Me extraña que no hayas visto esa película.

我很奇怪你没看过那部电影。

12. sorprenderse que 让我惊讶的是

Me sorprende que todavía no hayas aprendido a hablar chino después de tantos años en China.

我很惊讶的是你在中国这么多年了，还没有学会说中文。

13. llamar la atención que 让人值得注意的是

Me llama la atención que eso esté relacionado con su estado de ánimo.

让人值得注意的是那件事会跟他的情绪相关。

14. preocuparse que 让人感到不安的是

Me preocupa que vaya a perder la única oportunidad de salir ileso.

让我感到不安的是他会错过安全撤离的机会。

Tarea 2 (opción 10) Consulta a distancia

Instrucciones

Situación: Esta mujer está hablando algo con un médico a través de un ordenador.

Monólogo 独白部分

Imagine la situación y descríbala durante 2 o 3 minutos. Estos son los aspectos que debe comentar:
想象一下下列场景并在两到三分钟的时间内对照片展开描述，描述时必须包含下列问题：

1. ¿Cuál es la relación entre estas personas de la foto? ¿Dónde están y qué están haciendo?
2. ¿Qué le está enseñando la mujer al médico? ¿Qué dirá el médico a la anciana? ¿Cree que se comunican mediante esta manera con frecuencia? ¿Por qué?
3. ¿piensa que el anciano de la foto también está enfermo? ¿Por qué?
4. ¿Sabe la anciana usar el ordenador o no? ¿Por qué lo piensa?
5. ¿Cree que la anciana de la foto sigue las instrucciones del médico tras la consulta? ¿Por qué lo piensa?
6. ¿Por qué los ancianos no van personalmente al hospital para hacer la consulta?
7. ¿Dónde están sus hijos? ¿Por qué no los acompañan al hospital?
8. ¿Cree que sus hijos les han enseñado cómo manejar los aparatos tecnológicos? ¿Por qué lo piensa?
9. ¿Qué va a pasar finalmente? ¿Adónde van después de terminar la consulta?

Conversación 交谈部分

Cuando el candidato termine su monólogo, el entrevistador le hará algunas preguntas sobre el tema durante unos 3 minutos. La duración total de esta prueba es de 7 minutos, más o menos. 当考生结束个人独白部分之后，考官会根据考生所选主题对其进行三分钟的提问。独白和询问问题的部分总共会持续七分钟左右。

Preguntas para el entrevistador 考官问题
（请扫描右侧的二维码）

Tarea 3 (opción 10) Uso de aplicaciones populares

Este es un cuestionario realizado por una ciudad costera a los habitantes para conocer su opinión sobre el uso de las aplicaciones populares en su tiempo libre.

Primera encuesta 第一张调查问卷

¿Cuáles son las aplicaciones más pupulares y últiles para usted?

1. Aplicaciones deportivas (resultados, calentarios deportivos)
2. Aplicaciones de noticias (titulares internacionales, anuncios de tecnología)
3. Aplicaciones de entretenimiento (videos cortos, chismes de famosos)
4. Diccionarios electrónicos
5. Aplicaciones de herramientas de búsqueda (mapas, números de teléfono, direcciones)
6. Aplicaciones del clima (pronósticos locales, actualizaciones de desastres naturales)
7. Aplicaciones de juegos

¿Cuál es su nivel de satisfacción con el servicio que ofrecen las aplicaciones actuales?

1. Satisfecho
2. Insatisfecho
3. Bastante satisfecho
4. Indiferente
5. Muy insatisfecho
6. poco satisfecho

Segunda encuesta 第二张调查问卷

¿Cuáles son las aplicaciones más pupulares y últiles para usted?

1. Aplicaciones deportivas (resultados, calentarios deportivos) 7%
2. Aplicaciones de noticias (titulares internacionales, anuncios de tecnología) 13%
3. Aplicaciones de entretenimiento (videos cortos, chismes de famosos) 30%
4. Diccionarios electrónicos 5%
5. Aplicaciones de herramientas de búsqueda (mapas, números de teléfono, direcciones) 8%
6. Aplicaciones del clima (pronósticos locales, actualizaciones de desastres naturales) 20%
7. Aplicaciones de juegos 17%

¿Cuál es su nivel de satisfacción con el servicio que ofrecen las aplicaciones actuales?

1. Satisfecho 25%
2. Insatisfecho 7%
3. Bastante satisfecho 35%
4. Indiferente 5%
5. Muy insatisfecho 3%
6. poco satisfecho 25%

Preguntas para el entrevistador 考官问题

（请扫描右侧的二维码）